Christina Soraia und Roland Eno'ah
Die Wahrheit deiner Seele - Leben

DIE WAHRHEIT DEINER SEELE

Leben

MIX
Papier aus verantwor-
tungsvollen Quellen
FSC® C014889
www.fsc.org

1. Auflage September 2013
Copyright © 2013 by KopfSalat Verlag
Texte Christina & Roland Gutzmann
Übertragen & Lektorieren Johanna Maria Heider
Gestaltung & Illustration René Pierre Gutzmann

Druck und Bindung
Friedrich Pustet KG
Gutenbergstraße 8
93051 Regensburg

ISBN 978-3-944609-00-3

Inhalt

Einleitung 9
   Wie ist dieses Buch entstanden? 11
   Wie liest man dieses Buch?. 12
   Wie wirkt das Buch? 14
   Atlantis und Lemuria im Hier und Jetzt 15
   Einführung von Christina Soraia Luah`ya 17
   Einführung von Roland Sethja Eno`ah 21

Kapitel 1
Einstimmung 25
   Christina Soraia und Roland Eno'ah 27
   Die Wahrheit deiner Seele 30

Kapitel 2
Reinigung und Heilung 39
   Reinigungsritual 41
   Weckruf deiner Seele 45
   Heilung von Traumata und Todesangst 54

Übergang in die Essenz Gottes 64

Regenbogen-Medizin 67

Kapitel 3
Lemuria und Atlantis im Hier und Jetzt 77

Das Licht der Wirklichkeit 79

In deinem Anders-Sein liegt deine Stärke 89

Mitte und Gleichgewicht wieder finden 96

Befreiung von Dualität und Unnatürlichkeit 103

Erwachen aus der Illusion des Kollektivs 111

Aktivierung der Ich-bin-Gegenwart 118

Wiedergeburt in die neue Zeit 126

Kapitel 4
Partnerschaft, Liebe und Sexualität 135

Liebende Berührungen 137

Sinnlichkeit und Heilende Intimität erwacht 145

Heilende Entbindung einer Partnerschaft 149

Werde eins mit deinem Seelenpartner 158

Empfängnis von Kindern der neuen Zeit 169

Erlösung und Entbindung des Ahnenkarmas 174

Kapitel 5
Aus dem Leben von Christina Soraia 181

Kindheitserinnerungen 183

Ein neues Bett 190

Aufruf an dich 197

Leben frei von Angst 201

Wissenswertes 213

Wörterbuch für Studierende des Lichtes 215

Mantren 216

Lemurianische Seelensprache 218

Begrifflichkeiten 219

Heilende Begegnungen 231

Die Heimbegleitung (Video-DVD/Hör-CD) 234

Das Buch 236

CD-Edition HK 240

CD-Edition LL 242

CD-Edition GS 244

Lemurianische Seelenkarten 246

Der KopfSalatVerlag 248

Christina Soraia und Roland Eno`ah 250

Einleitung

Vorwort

Du hältst nicht nur einfach ein Buch in deinen Händen, sondern ein Tor zu einer anderen Wirklichkeit. Den ersten Schritt bist du schon gegangen, denn deine Seele hat dich hierher geführt, in dieses Hier und Jetzt – nun bist du bereit für den nächsten Schritt auf dem Weg zur Wahrheit deiner Seele.

Wie ist dieses Buch entstanden?

Blätterst du durch die Seiten und liest wie zufällig durch die Zeilen, wirst du feststellen, dass das Buch in einer anderen Sprache geschrieben ist. Ja, natürlich in Deutsch, aber doch erschließen sich die Worte nicht sofort deinem Verstand. Das liegt daran, dass die einzelnen Textpassagen gechannelt wurden. Das bedeutet, Christina Soraia, als Medium, hat die Worte aus den Ebenen der Engel und Meister empfangen, kanalisiert und so auf diese Erde gebracht. Nun sind Engel und Meister Energiewesen und kommunizieren auf ihre ganz eigene Art und Weise. Satzbau, Subjekt, Objekt und Prädikat eines Satzes kann da schon einmal fehlen, oder ein Satz über ganze 2 Seiten gehen. Denn wichtig ist die Energie, der energetische Inhalt der Botschaft, die sich integrieren soll, nicht die Struktur der Worte, die uns in den Schulen eingebläut wird.

Daher hat Christina Soraia ihr Channeling auf Band aufgenommen. Dieses wird dann von mir, Johanna

Maria, der Übersetzerin von „Engel-isch ins Deutsche", bearbeitet und von Roland Eno'ah im Einklang der Wortschwingungen abgerundet. Ich füge Satzzeichen ein. Forme zusammenhängende Sätze und gebe dem Fluss der Energien eine Form, die für unseren menschlichen Verstand leichter zu verstehen ist.

Wie liest man dieses Buch?

Es eine Herausforderung und gleichzeitig ein Leichtes das Buch zu lesen. Im Grunde benötigst du keinerlei spirituelle Vorkenntnisse, denn das Buch setzt genau in deinem Leben an.
Wir haben das Buch einigen lieben Menschen gegeben, damit sie als Erstleser für uns hineinspüren und uns eine Rückmeldung geben. Die Aussagen waren eindeutig: Denkblockade, glühender Kopf, Fragezeichen in den Augen. Wir dachten: Super! Denn dieses Buch hilft dir dabei die Muster deines Verstandes zu überwinden, um eine neue Ebene zu betreten. Das Buch ist das Tor zu einer anderen Wirklichkeit, zu deiner Welt der Gefühle, der Intuition und deiner göttlichen Führung. Durch eine Schreibweise, die es dem Verstand schwer macht etwas zu greifen, wird es dir ermöglicht die Brille deiner bisherigen Wirklichkeit abzunehmen.
Bevor du beginnst in dem Buch zu lesen, nimm dir Zeit. Bewege das Buch und die Seiten liebevoll in deinen Händen. Atme einige Male tief ein und aus, um ganz im Hier und Jetzt anzukommen. Spüre in deinem Herzen all die Dankbarkeit für dein Leben, genau wie es gerade ist,

und sage: Ja, ich bin bereit für die Wahrheit meiner Seele. Ich bin bereit mich öffnen für meine göttliche Führung und ich werde alles erkennen, was meinem Besten dient. Durch diese Einstimmung lässt du dich bewusst ein, auf all die Wunder, die das Buch für dich bereithält.
Es ist wichtig, dass du dich beim Lesen nicht unter Druck setzt. Habe keine Erwartungen, sei offen und all die Antworten werden dich finden. Es geht nicht darum dir Wissen anzueignen oder Weisheiten auswendig zu lernen, du wirst auch keine Rezeptlösungen für Lebensprobleme oder Schritte zur Erlösung finden, die du einen nach dem anderen abhaken kannst. Dieses Buch arbeitet mit deinem energetischen Feld, ganz individuell mit deinem Leben.
Nicht du liest das Buch, sondern das Buch liest dich. Es ist möglich, dass du beginnst das erste Kapitel zu lesen und deine Gedanken beginnen sich zu drehen, du versuchst das Gelesene in Kategorien in deinem Kopf abzuspeichern, was jedoch nicht funktioniert. Das kann sich auch unangenehm anfühlen. Dein System spürt erste Anzeichen von Unordnung und Verwirrung und möchte, um dies auszugleichen, blockieren. Das ist in Ordnung und darf so sein. Überfordere dich nicht. Dann legst du das Buch wieder bei Seite – vielleicht auch neben dein Bett, denn es tut seine Wirkung. Nach und nach spürst du, dass es dir leichter fällt dieses „Nicht-Greifen-Können" auszuhalten und du liest weiter.
Nun liest du nicht mehr auf der Ebene deines Verstandes, sondern mehr und mehr tauchst du ein in ein luzides Lesen. Das bedeutet, du liest zwar die Worte, doch dein höheres Selbst integriert gleichzeitig die Ener-

gie, die darin gespeichert liegt. Eine Erstleserin hat es beschrieben als „die Worte wirken und es entsteht die Begegnung mit einer anderen Wirklichkeit".

Nimm dir all die Zeit und den Raum, um deinen ganz eigenen Zugang zu deinem Buch zu finden. Die Essenz liegt darin diesen Schritt zu gehen und dein Vertrauen zu halten. Mit jedem Mal wird es dir leichter fallen, deinen Verstand liebevoll einen Schritt zurück treten zu lassen und dich für deine innere Führung zu öffnen. Hast du es einmal geschafft, kannst du diesen Ebenen-Sprung auf alle Situationen in deinem Leben heilsam anwenden. Du wirst deine Wahrheit erkennen und leben.

Wie wirkt das Buch?

Nun da du völlig geöffnet bist und die Energie fließen kann, werden durch die Worte Impulse in deinem Energiesystem gesetzt. Die Worte lösen sich mehr und mehr auf und du kommst in einen meditativen Zustand, dein Fühlen und Spüren wird jetzt ganz präsent. Es kann sein, dass nun Bilder vor deinem inneren Auge auftauchen oder Gedanken entstehen, die scheinbar nichts mit dem Gelesenen zu tun haben. Gebe dich ganz diesem Prozess hin, lass dich fließen. Denn was gerade geschieht, ist die Selbstheilung deiner Seele. Alte Erinnerungen, Gefühle aus der Kindheit, Emotionen der Angst können nun aufsteigen. Alles, was jahrelang in deinem Unterbewussten geschlummert hat, was durch Mechanismen des Selbstschutzes aus deinem Bewusstsein verbannt war, steigt nun nach oben, um gereinigt und geheilt zu werden. Die

Energien der Engel und Meister hüllen dich liebevoll ein und arbeiten an deinem Lichtfeld, um alle Blockaden, die in diesem Moment erlöst werden dürfen, zu reinigen. In diesem heilsamen Augenblick nehmen dich die Engel an den Händen und du kannst ihre Anwesenheit spüren. Setze dich nicht unter Druck. Auch wenn du anfangs scheinbar nichts wahrnimmst, bist du liebevoll begleitet und geborgen. Dein Spüren wird mit jedem Lesen intensiver und klarer, vertraue dir. Über die Kraft der Worte wird der Prozess des Loslassens aktiviert. Du musst nichts tun, alles was es braucht, ist dein „Ja, ich bin bereit". Es werden sich all die Situationen in deinem Leben einstellen, die dich dabei unterstützen.

Atlantis und Lemuria im Hier und Jetzt

Immer wieder nehmen dich die Engel und Meister mit auf die Reise. Über die besondere Wortschwingung der gechannelten Botschaften öffnen sich dir Dimensions-Tore, die du auf deine eigene Art und Weise wahrnimmst und erkennst. Du wirst den Schleier deines Alltags durchschreiten, um in die Licht-Liebes-Energie von Atlantis und Lemuria einzutauchen.
Dieses Spüren mit allen Sinnen, diese Herzberührung führt dich immer tiefer zur Wahrheit deiner Seele und öffnet die verschlossenen Kammern deines Herzens.
Die Essenz dieses Buches liegt darin dich dabei zu unterstützen diese liebevolle Schwingung, die Achtsamkeit in deinen Worten und Taten in deinem Alltag zu integrieren und zu leben. Zu lange haben sich die Menschen Wissen

angeeignet ohne etwas davon in die Tat umzusetzen. Die Zeit ist nun gekommen das Paradies auf Erden zu erkennen und über unser liebendes Miteinander für uns selbst und für Alles-was-ist zu erhalten und zu fördern. Es geht nicht darum in Traumwelten zu versinken, die uns unerreichbar erscheinen. Dieses Buch ist dein „Ja, ich bin bereit" mein Leben in die Hand zu nehmen, meine göttliche Kraft umzusetzen, die Wahrheit meiner Seele leben. Nicht umsonst haben wir das Bild eines Drachen für unser Cover gewählt. Es geht um die Kraft der Umsetzung, das Lebensfeuer, das in jedem lodert und wieder frei und ungezügelt sich ausdehnen möchte, für eine erleuchtete Gesellschaft aus eigenständigen Individuen voller Achtsamkeit, Liebe und Lebensfreude.

Ich wünsche dir herzberührende Momente
beim Lesen aus deinem Leben
Johanna Maria Heider

Einführung von Christina Soraia Luah`ya

Bücher sind wunder-volle Mittler zwischen den Welten. Was nach außen scheinbar nur als ein Einband mit einigen Seiten Papier erscheint, birgt in sich tausende Wunder, die gemeinsam mit der menschlichen Phantasie bis in die Unendlichkeit erstrahlen.
Über solch ein wundervolles Buch hat sich auch Kryon zum ersten Mal bei mir gemeldet. Irgendwann im Jahr 2000 stand ich vor einem Bücherregal in Saarbrücken. Ein Buch von Lee Carol mit dem Titel „Kryon", was mir vorher wegen Schrift und Name immer suspekt war, rief nach mir. An diesem Tag griff ich nach diesem Buch und kaufte es mir. Von Anfang an spürte ich solch eine Liebe in mich strömen, ohne dass ich es gelesen habe. Ich war berührt von der liebenden Schwingung des Buches. Ich spürte in meinem Herzen, dass Kryon mich ebenso gerufen hat seine Botschaften auf meine Art und Weise übermitteln.
Über Musik begann ich mich mit der Energie des Kryon verbinden. Und plötzlich stand die Leitung. Seit dem spricht Kryon durch mich und ist eine der stärksten Energien in meinem Leben. Gemeinsam mit vielen anderen Geistwesen begleitet er mich auf meinem Weg.
Dabei spüre ich die feinen Nuancen, den Unterschied, wenn Meisterenergien sich melden oder wenn Engelenergien durch mich sprechen. Die Engelenergie ist eine besonders sanfte, liebende Energie. Wenn sie sprechen, fühlt es sich so an, wie wir uns Engel vorstellen und was wir uns über Engel ausgemalt haben – sanfte und doch

klare Botschaften. Manchmal ist es auch so, dass mein linkes Ohr sich anfühlt als käme ein Hubschrauber, das ist dann als hätte ich einen Propeller im Ohr. Dann weiß ich „Aha" Botschaft im Anflug. Wenn Kryon sich in meinem Energiefeld meldet, spüre ich seine Nachricht im Herzen und spreche sie aus. Dies sind dann Wortenergien, Worte, die ganz ausgewählt und erhebend aneinander gereiht aus meinem Mund fließen. Satzrhythmus und Melodie unterscheiden sich in diesem Moment völlig von meinem alltäglichen Sprechen. Kryon oder die Wesenheit übernimmt dann meinen Verstand und ich lasse mich voller Vertrauen führen. Das ist für mich erfüllend, ist meine Herzenserfüllung und berührt mich sehr. Die geistige Welt schenkt so den Menschen durch mich mit jedem Wort Erkenntnis, Heilung, Liebe und Geborgenheit.

Ich bin von Herzen dankbar diesen Weg des Lichtes mit den Menschen gehen, die bereit sind für den Aufstieg im Hier und Jetzt. Dieses Buch enthält kraftvolle Botschaften aus den Ebenen des Lichtes. Hohe Heilenergien der geistigen Welt machen deine Verwandlung auf allen Ebenen, für Körper, Geist und Seele wirklich. All die Veränderung wird in deinem Leben sichtbar.

Die Zeilen sind geschrieben in der Sprache des Herzens. Diese haben wir alle einmal gesprochen in Lemuria, in Atlantis, auf anderen Sternen. Die Botschaften aus den Ebenen der Meister und Engelebenen sind wortgewordene Energien und Schwingungen, Farben und Klänge, Düfte und Bilder mit den unterschiedlichsten Formen. Sie nehmen dich mit in eine Welt hinter dem Schleier. Zugleich Klarheit und Verwirrung werden sich über

deinen Verstand legen. Oft kannst du die Worte fühlen und weniger mit deinem Verstand annehmen. Spürst du noch in einem Moment „Ja, das ist die Wahrheit", so ist es möglich dass du beim Lesen des nächsten Satzes keinen bewussten Zugang mehr hast.
Dies bedeutet gleichzeitig einen goldenen Schlüssel für dich, ein Schlüssel der dein emotionales Feld wieder öffnet. All deine gespeicherten Gefühle, alte Verletzungen und Ängste, aber auch längst vergessene Leichtigkeit und Freude werden nach oben gespült. Über die geführten Meditationen und Übungen begibst du dich auf die Reise zu deinem Hohen Selbst, zu der Wahrheit deiner Seele. Über die energetischen Informationen in den Worten wirst du direkt mit den hohen Meister- und Engelenergien verbunden und wirst in eine neue Schwingungsebene geführt. All dein altes Wissen steigt auf und verbindet sich mit dir. Du kommst in einen meditativen Zustand, brauchst dich nicht anstrengen. Du kannst dir gewiss sein, die Worte wirken, arbeiten mit deinem Energiefeld, hüllen dich ein. Und wenn du nicht mehr darüber nachdenkst öffnen sich dir die Pforten der Erkenntnis und Bewusstheit.
Es ist zugleich Meditation und therapeutisches Loslassen. Deine Selbstheilungskräfte werden aktiviert, denn über das gesprochene oder gelesene Wort wird deine Lichtstruktur umprogrammiert. Du liest und gleichzeitig nimmst du die liebende Schwingung der Worte auf. Loslass-Sätze helfen dir gespeicherte Blockaden nun lösen. Intuitiv wirst du spüren, dass ein Kapitel, ein Lebensthema, welches dich besonders berührt, etwas mit deinem Leben zu tun hat. Lass deine Emotionen

aufsteigen, damit sie sich all das Alte aus deinem Energiefeld lösen kann. Dabei wird immer nur die Menge an belastender Erinnerung in dein Bewusstsein gespült, wie du momentan angenehm verarbeiten kannst – für dein Wohl und für das Wohl von Allem-was-ist.
Es ist eine hohe Energieschwingung. Oft kann man nur einige Seiten lesen, da es anstrengend ist. Es ist möglich, dass du dich müde oder erschöpft fühlst, dann schenke dir die Ruhe, die dir gut tut.
Von Herzen lade ich dich ein. Lass dich berühren, lache und weine, träume und lebe für die Wahrheit deiner Seele.

OMAR TA SATT
Christina Soraia

Einführung von Roland Sethja Eno`ah

Was wir in unserer Alltagsrealität erleben, ist oft weit weg von dem, was wir als Erdenengel sein könnten. Wir haben der monetären Energie, dem Geld-Verdienen und Hüten viel Raum geschenkt und haben dabei die wichtigen Dinge im Leben verdrängt und übersehen. Gerade in dieser Zeit, die einem ständigen Wandel der Energien unterliegt, verbirgt sich ein großes Potential für jeden Menschen. Immer deutlicher kannst du spüren, wo du nicht mehr klar kommst, wo es hakt in deinem Leben. Stärker als je zuvor steigen Ängste und negative Emotionen auf, die sich in Krankheit und Kontrollverhalten ausdrücken. Dies sind die Hilferufe deiner Seele.

Die Zeit ist reif dafür, dass die Menschen erkennen, dass auch die Spiritualität einen Schleier trägt. Viele Menschen glauben noch immer, dass andere Menschen sie erlösen können. Dabei hat so mancher schon erfahren, dass dies nicht möglich ist. Du bist es, der dir all die Heilung und Erlösung schenkt. Denn du bist bereit deinen eigenen Weg wieder finden. Wenn du den Frieden in dir selbst lebst und dich erkennst mit all deinen Projektionen, dann klärt sich auch dein Umfeld und du kannst all das tun, was sich auf dem Weg deines Herzens gut anfühlt. Dies ist eine Bewusstseins-Entwicklung. Immer mehr wirst du in deinem Frieden verweilen können, wunschfrei. Und nach und nach wird sich all das Schöne in deinem Leben einstellen. Manchmal liegen zwischen dem Alltag und dem, was man noch gerne hätte und was man glaubt nicht zu haben, noch kleine Welten. Je mehr Frieden du in dich einlassen kannst, je mehr du diesen

Kampf aufgibst, den du gegen dich selbst kämpfst, kann sich das Neue einstellen.

Dieses Buch ist ein ritueller Übertritt, ein Aktivierungsprozess deiner göttlichen Wahrnehmung, der dich in ein neues Leben führt. Du bist Bewusstsein. Dieses Buch erinnert dich daran, dass du sowohl Mensch bist, als auch ein Geist in einem menschlichen Körper. Dabei führt es dich Schritt um Schritt in die Wahrheit deiner Seele: Über Bewusstsein, Weisheit, Klarheit und göttliche Macht in die bedingungslose Liebe. Wenn du dir bewusst wirst, indem Altes aus deinem Inneren aufsteigt – wirst du weise. Wenn du weise bist – erlangst du Klarheit. Wenn du die Klarheit lebst – erreichst du göttliche Macht, weil du die Dinge und auch die Menschen siehst, wie sie wirklich sind. Was viele vergessen haben, die diese Macht haben: Wenn du die Macht wieder loslässt, dann erst erfährst du, was es bedeutet die bedingungslose Liebe leben.

Nicht du liest das Buch, sondern das Buch liest dich. Das heißt, du liest es und hast scheinbar etwas zum Greifen, etwas, das dein Verstand verarbeiten kann – und doch nicht. Das sind die besten Bücher überhaupt. Denn dann kann der Quantengeist, das elektromagnetische Feld oder dein hohes Selbst in dir wirken und du wirst direkt in eine höhere Ebene gehoben. Erhält dein Verstand eine Information, die er nicht direkt verarbeiten kann, hält er unbewusst im Außen Ausschau nach weiteren Puzzleteilen. So wirst du ohne dein bewusstes Dazutun immer tiefer geführt, kommst an verborgene Gefühle, Emotionen, Projektionen und Bewertungen, die aus deinem Inneren aufsteigen und dann bewusst losgelassen

werden können.
Da wir von Nichts getrennt sind – das ist nicht nur gesagt, das ist gefühlt – hat alles um dich herum seine Wirkung. Weil du dieses Buch in dein Herz genommen hast, wird es eine besondere Wirkung für dich haben, auch ohne dass du es liest. Es sind energetische Wortschwingungen, die aus den geistigen universellen Ebenen von Christina Soraia Luah'ya und mir gechannelt wurden und diese Licht-Liebes-Schwingung ist im morphischen Feld des Buches enthalten. So ist es. Die Dimensionstore sind schon weit geöffnet und wir dürfen wieder beginnen unseren Traumkörper, unsere Wirklichkeit, unser wahres Sein zelebrieren. Du bist bereit deinen inneren Traum wieder leben, um frei von Bewertungen wie ein Kind das Neue entdecken – denn du hältst dieses Buch nicht umsonst jetzt in deinen Händen.

In Freude mit dir verbunden
Roland Sethja Eno`ah

Kapitel 1
Einstimmung

Christina Soraia und Roland Eno'ah
Mittler zwischen den Welten

Heute ist wieder einer dieser wundervollen Tage, an denen wir, wie jeden Tag, als Mittlerin und Mittler zwischen den Welten uns erfahren. Und es ist uns eine Freude als Medien der geistigen Welt heute mit dir sein, hier in der neuen Zeit, um alte und neue Botschaften dir und den Menschen übermitteln. Um die Erinnerung wieder beleben, welch großartige Wesen und Möglichkeiten für dich bereit stehen. Der Zeitpunkt, um die Liebe, das wahre Wesen unseres Seins wieder verströmen, im Gleichklang der Seelen sich einander begegnen, ist gekommen.

Jeder Mensch hier auf Erden erlebt sein eigenes, scheinbar persönliches Drama. Wir möchten dir sagen, dass die Zeit der Dramen vorbei ist, vorbei sein kann. Indem du deine Aufmerksamkeit, deine Liebe deinem wahren Wesen, deinem wahren Sein hinwendest. Indem du beginnst, dich erinnern an deine wahre Herkunft aus der Kraft der Stille.

Wir alle sind Brüder und Schwestern, die im Lichte der Liebe sich wieder vereinigen möchten. Die Seelen möchten im Gleichklang beginnen schwingen und mit Lady Gaia unserer Mutter Erde, ein neues Leben, ein neues Paradies hier auf Erden erschaffen – dem Weg ihres Herzens folgen.

Der Schmerz und die Dunkelheit, die die Erdenbevölkerung wie ein Gürtel umlagern, dürfen jetzt aufgelöst werden. Doch es bedarf deiner Zustimmung, deiner Absicht ein neues Leben, ein neues Miteinander hier auf diesem Planeten erschaffen. Um den wahren Wesenskern, um das Herz mit Liebe erfüllen und diese Liebe verströmen, bedarf es der Auflösung all der Muster, all der alten Verhaltensweisen.

Unsere Botschaft an dich: Hinterfrage alles in deinem Leben. Hinterfrage dein Wissen und deine Handlungen! Unser Herz, unser Angesicht ist voll der Liebe für dich. Beginne den Schleier des Vergessens zur Seite nun ziehen. Die Wirklichkeit ist so nah.

Möglicherweise steigt Unverständnis oder der Gedanke an Banalität in dir auf. Wir können dir versichern: Die Energie, die dich umgibt, transformiert. Immer wenn du dich in einem Energiefeld aufhältst, welches eine hohe Herzfrequenz aufzubauen vermag, geschieht Transformation.

So rufen wir dich: Erhebe dich! Fange an dich finden und das ausdrücken, was du in der Wirklichkeit des Seins bist.

Nimm diese Worte mit dem Herzen wahr und lasse die Energie dich durchströmen. Erkenne: Wenn du den Schleier durchschreitest, bedeutet dies, dass du das Geschehen hier auf Erden als Illusion erkennst. Du weißt in deinem tiefsten Inneren, dass alles, was du momentan noch erlebst, deiner Erfahrung dienlich ist, aber du jederzeit die Möglichkeit der Veränderung hast – wenn du dir dessen bewusst wirst. Wir werden dich unterstützen.

Menschliche Worte reichen nicht aus, um das Gefühl der Liebe wieder spüren. Du kannst es nur mit deinem Herzen aufnehmen, deinem Pfad des Herzens folgend. Wenn du bereit bist deine Herzenstüren nun öffnen,

fließt die Energie der bedingungslosen Liebe, des bedingungslosen Seins in dich hinüber. Dieses Licht, angefüllt mit der Liebe der Wirklichkeit, reinigt und erhellt deinen Körper, deinen Lichtkörper – so wie es jetzt angemessen ist.
Wir lieben dich unermesslich. Man kann nicht erfassen, welch hohe Licht-Liebes-Energie nun in dich fließt. So ist es angemessen. Nehme dieses Geschenk an und lasse diese neue hohe Energie in deinem Lichtkörper zirkulieren. Du wirst die Veränderung spüren, denn die neuen Dimensionen sind bereits in dir verankert.
Vertraue, vertraue in Mona`oha. Wir sagen dir unser An`anasha und danken dir, dass wir hier sein können unter euch. Mit dem Gefühl der Leichtigkeit und Freude im Herzen, im Hier-Sein, rufen wir dir zu: Du bist, so wie du bist, wunderbar, du hohes Licht in einem menschlichen Körper hier auf Erden. Beginne nun werden, was du schon immer warst. Mit dieser Freude und mit dieser Liebe, mit dieser Wertschätzung sagen wir An`anasha, unseren Dank.

Wir sind
Christina Soraia Luah'ya und Roland Sethja Eno'ah

Die Wahrheit deiner Seele
Kraft deiner Selbstannahme

Kryon
Erzengel Michael
Erzengel Gabriel
Mutter Maria
El Morya
Jesus Christus

In Liebe und Achtsamkeit sind wir gekommen, damit du mit all deinen Körpern, auf allen Ebenen dich wieder vereinst, dich wieder spürst, dich wahrnimmst. Nach all der Zeit, in welcher du viele Bürden, viel Erdenschwere in dichter Materie dir hast aufgeladen, geliebtes Menschenkind der neuen Zeit, erfährst du dich wieder in neuen Dimensionen. Im hohen Lied der Liebe, der Wahrhaftigkeit möchten wir dich begrüßen, heißen dich willkommen. Die Worte Omar Ta Satt, der Gruß der Engel, fließt in dich liebevoll nun hinein. Damit all die Reinigung, all die Einstimmung, welche für dich nun ist bereit, erklingt in deinem Seelenkleid, in deinem goldenen Herzen, du Meister, du Meisterin der neuen heilenden Zeit.

So beginnst du immer sanfter, immer tiefer dich nun hingeben, dich fallen lassen in die Engelebenen, in die Liebe von Kryon, welcher dich empfängt, dich umhüllt. Damit du wieder ganz für dich in deinem neuen Leben einstehen, dich zeigen und öffnen kannst, du göttlicher Mensch. Damit du mit deinem Gespür, mit deinem Verstand, wieder erkennst die Kraft deiner Göttlichkeit. Mit all dieser Fürsorge, mit all dieser Zartheit umhüllen wir nun deinen Erdenkörper, deine Lichtkörper, dein Seelenkleid. Damit über die Kraft der Worte die Wahrheit, die Erinnerung noch kraftvoller in dir aufsteigt. Du wieder in das Träumen und Wahrnehmen – und durch erwachendes Bewusstsein – in den Ursprung deines wahren Seins gelangst.

Lass dich tragen, öffne deine Lippen, atme in deinem Gespür in dich hinein. Damit all die Ausweglosigkeit, all die Freudlosigkeit aus dir, aus deinen Chakren, aus deinen Lichtmembranen herausfließt in das verzehrende Feuer der Transformation nun hinein. Wir miteinander bilden den Schutzkreis – Erzengel Michael, das Team von Kryon, Gabriel, Mutter Maria – wir nehmen dich in unsere Geborgenheit. Damit deine Unsicherheit – ob dies denn die Wahrheit ist, welche du fühlst, welche in deinem Gehör erklingt – sich in bewusster Klarheit erhellt. Wir möchten dir sagen: Das Lied der Liebe, dein Erwachen, deine Erinnerung erklingt in deinen Herzenskammern. In deinem Beckenboden erwacht all die Sinnlichkeit, welche du dir hast vor langen Zeiten verboten. All dies möchte sich wieder vereinen in dir, in deinem Körper auf Erden. All die Schwere, all die Undurchlässigkeit in deinen Zellen, deinen Organen werden wir, mit deiner Erlaubnis, liebevoll ausschwingen. So wie es dir momentan gebührt und für dich richtig und angemessen denn ist.

Damit das Licht der Selbstliebe wieder erglüht in dir. Du gehst voran, wirst verwandelt, bist wieder ein lebendiger Engel auf Erden. Schreitest durch die goldenen Lichtportale in all dem Farbenglanz, dem brillianten heilenden Tanz um deine Mitte. All dies, diese Wahrheit, diese

Erinnerung trägst du in dir, ist in dir gespeichert – wird wieder enthüllt, erwacht und steigt auf in dir.

Sage dir: „Ja, ich bin bereit für all den wachsenden Mut und die Kraft mich wieder spüren und mich wieder im wahren Licht meiner Liebe zeigen. Ich werde mich der Wahrheit meiner Seele wieder anvertrauen – jedem Menschen, jedem Wesen. Denn ich habe mich für den Weg des Herzens entschieden. Damit der blaue Planet sich erhebt, Lady Gaia, mit all den Menschen und Wesen, welche ewige Jugend, ewiges Leben im Hier und Jetzt erfahren. Dieses alte Wissen möchte ich wieder annehmen. So ist es."

Du wirst durchflutet, wirst durchlichtet, damit „Nein-Sagen", für dich Einstehen in deinem Leben in vielfältigen Situationen, in welche du dich hinein bewegst, sich in Leichtigkeit vollzieht. Aufrecht, mit leuchtenden Augen spürst du wieder die Wahrheit deiner Seele, lässt sie erklingen in deinem neuen Leben. Du wirst durchströmt mit dem Licht der Kraft, damit du mutig Altes loslassen kannst und du Neues auf dem Weg deines Herzens, in ganzheitlicher Lebensfülle, erhalten kannst.

Heute wirst du in Escha'ta, dem Christusbewusstsein, in deinen Chakren, in deinen Zellen und Genen, auf allen Ebenen in deinem göttlich-menschlichen Sein, deinem Erdenkleid angehoben, lebendiger Engel auf Erden im göttlich-menschlichen neuen Kleid. Damit deine Träume, deine Fantasien, deine Visionen immer mehr, immer mehr Gestalt annehmen. Nicht wünschen, sondern schöpfen und erschaffen wirst du. Das höchst Mögliche niemals eigenmächtig erzwingen, sondern

zum höchsten Wohle von Allem-was-ist, dem Weg deines Herzens folgend.
Sage: „Ja, ich erinnere mich an eine Zeit, als wir miteinander wirksam waren und jeder in Freude seinen Teil für das Ganze beigetragen hat." Lemuria mit Atlantis ist wieder vereint, möchte über dich für Freund und Feind wieder sichtbar werden und seine Existenz wieder finden, hier auf Erden, dort wo du lebst. Lass dich tragen auf Engelsflügeln in diese göttliche Kraft, dieses Verbunden-Sein wieder hinein. Wirst genährt und aufgeladen, damit dein wahres Wesen kraftvoll, leuchtend in all den Farben, all den Tönen wieder aufsteigt, sich vermählt mit deinem Erdenkleid, deinem mentalen und emotionalen Feld. Du wirst deinen Platz wieder finden, du Engel auf Erden im menschlichen Schein. Es geschieht – in Kodoish, Kodoish, Kodoish Adonai.
Spüre, fühle in deinen Erdenkörper sanft hinein. Große Reinigung und Erlösung fließt in dich auf allen Ebenen. Damit der Weg des Herzens richtungsweisend für dich wieder wird sein. Alles andere erlöst sich wie von selbst, entschwindet aus deinem Lebensbereich. Denn die Kraft der Resonanz aus deinem Sonnengeflecht, deine wahrnehmende Intuition trägt dich leicht in dein neues bewusstes Leben, führt dich mit Menschen, Wesen und Dingen. Damit du für dich wieder einstehst, dich zeigst, gerade da, wo du momentan bist.
Atme das hohe kosmische Licht Escha'ta, die Liebe des Christus-Bewusstseins in dich hinein, umhüllt, umwoben durch die Anwesenheit der Engel, Kryon – Zug um Zug mit dir vereint. Damit die goldenen Brücken du durchschreitest, überqueren kannst, in deinem Rhythmus, in

deiner Leichtigkeit in neuen Dimensionen wandelst, als Meister und Meisterin des Lichtes hier auf Erden.
Immer mehr, immer mehr mit der Kraft deines hohen Selbst wieder auf Erden hier vereint, wird Frieden und Stille sich sammeln in dir. Denn so wird es geschehen, so ist es für dich und all die Menschen angemessen, ist es richtig und vorgesehen – So ist es, So ham.
In Mono'To be schreiten wir voran.
Leicht wie ein Vogel, beschwingt, erhebst du dich in die höchsten Höhen, in deine Unbegrenztheit wieder hinein. Du wischst die Tränen der Trauer, die dunklen Schatten mit Leichtigkeit aus dir heraus. Du bist auf Erden mit deinen Schwestern und Brüdern tief, tief vereint. Die Familie findet sich. Die Frequenzen der Wahrheit eurer Seelen erblühen, erklingen im leuchtenden Licht in allen Farben und Tönen, unzählig.
Lemuria mit Atlantis wieder vereint, erhebt sich königlich in diesem Jahrtausend, in diesem Leben, in dieser neuen heilenden Zeit. Ängstige dich nicht. Denn du hast „Ja" gesagt: „Ja, ich bin bereit, spüre den Weckruf aus meinem Herzen, aus meinem Unterbewusstsein, möchte ihm folgen, als göttlicher Mensch der neuen Zeit mich erheben, Stück um Stück. Ich bin bereit all die menschliche Kleinheit loslassen, erkennen und freigeben."
Dies ist jetzt der nächste Entwicklungsschritt für dich und die Menschheit auf Erden. Damit geboren wird, was immer schon war, nur unsichtbar, wie abgetrennt. Doch niemals erlischt der Schutz von Gottvater, Gottmutter. Du wirst es erkennen, göttlicher Mensch, wir lieben dich.
So ist mit all der Liebe, dem Licht der Engel, Kryon mit dir. Die magnetischen Wellen strömen durch dich, laden

dich auf, bringen dich wieder in Verbundenheit mit deinem Erdenkörper, gereinigt, erhoben und befreit. Wir, Kryon, bitten dich, schenke dir Zeit, damit die machtvollen Lichtfrequenzen, mit welchen du mit jedem Wort, jeder Zeile in Berührung bist, sich mit dir verbinden, wie es für dich richtig und angemessen momentan nun ist. Im kupferfarbenen großen Herzen des magnetischen Stromes grüßen wir dich. Sind bei dir jetzt und hier, sind alle Zeit für dich bereit, du Om Tat Sat, du Meisterin, du Meister, du göttliches Wesen der neuen heiligen Zeit, so ist es, So ham. An`anasha.
Christina Soraia Luah`ya mit Roland Sethja Eno`ah als Meisterpaar vereint – durch viele Schatten hindurch gegangen, nicht immer in Leichtigkeit – dürfen dich begleiten – wir sind für dich da. Damit Shiva mit Shakti in Elexier, Elexier, Elexier der Wirklichkeit, der bedingungslosen Liebe sich hier auf Erden wieder vereint. Damit wir wieder erkennen, wieder fühlen die große Kraft zwischen Mann und Frau, die blockiert ist seit vielen, vielen Äonen der Zeit. Doch die Zeit kehrt wieder, ist gekommen. Mit dieser Offenheit, mit diesem Willkommen-Sein grüßen wir dich und euch in Wahrhaftigkeit, so ist es, So ham.
Du bist nun neu eingestimmt, hast die Herzenspforte, dein Basisfundament geöffnet und es erklingt in all den Lichtfrequenzen, hohen Farben und Tönen. Erlaube dir, indem du sagst: „Ja, ich bin bereit heute all die Geschenke annehmen, nicht analysieren, ich darf Wunder in meinem Leben entgegennehmen. Brauche nicht denken, nur mir trauen, in Mona'oha. Damit der göttliche Wille, mein Pradna, meine göttliche Kraft, der göttliche Schutz sich

ausbreitet in meinem Leben."
Saphirblau, mit dieser Macht, der Farbenkraft hüllen wir dich nun ein. Und wenn es dir Freude macht, spüre die nächste Zeit in dich hinein mit welchen Farben du dich gerne umgeben magst. Die Kraft von Meister El Morya, der Hüter des saphirblauen göttlichen Lebens, ist gerne für dich da. Doch auch alle anderen Farben und Töne, vertraue dir, beinhalten die Kraft, die Funken des ewigen Lebens.
Und so möchten wir für jetzt Abschied nehmen. Bleiben dir nah und lösen uns aus deinen Lichtebenen. Wir, Kryon, werden dich mit deinen Seelenanteilen im Lichtfeld von Lady Gaia verankern. Damit du gut geerdet im neuen Lichte wandelst auf Erden, wahrhaftig einstehst immer mehr, immer mehr. Denn du hast „Ja, ich werde erwachen" gesagt.
So bitte ich als Geistführer, als Jesus der Christ: Beginne einige Male tiefer in dich wieder hinein atmen, beginne dich wieder spüren, mit deinen Füßen und deinen Händen dich bewegen. Dich auf deine Art wieder wahrnehmen, wieder ankommen in deinem Leben, in deinem wunderbaren weiblichen oder männlichen Erdentempel. Als Lord Sananda möchte ich dir meinen Dank, mein An`anasha nun geben. Der Segen des Sohnes ist mit dir auf all deinen Wegen. Die Blumen des Lebens erstrahlen aus dir. Ich bin dein Bruder, geliebte Schwester, geliebter Bruder aus alten, alten Leben. Die Zeit ist gekommen miteinander hier auf Erden auferstehen.

So ist es, So ham.

Kapitel 2
Reinigung und Heilung

Reinigungsritual
Transformation deiner energetischen Matrix

Engel der Transformation
Engel der Wandlung

Ich lasse los meine alte, tiefe Angst und Unsicherheit, wenn ich loslasse, mich all der Veränderung, der Verwandlung in meinem Leben hingebe, dann meine Einflussnahme, die Kontrolle über mich zu verlieren, nicht mehr anerkannt, angenommen und geliebt dann werden. Diese tiefe Blockade in meinen inneren Ebenen, in meinem Herzen, meinem Beckenboden, dem Basisfundament bin ich bereit freigeben – soweit wie es momentan in meinem Leben nun richtig und angemessen für mich ist. In all dem Schutz, all der Geborgenheit mit dem Lichte der Engel und meiner Geistführer vereint.

So ist es, So ham.

Ich lasse los meinen unbewussten Widerstand, all die Hartnäckigkeit, all die Ausreden aus meinem menschlichen, irdischen Sein. Ich bin bereit meine Schatten, mit all den Programmen der Vergangenheit – welche ich mir aufgebaut, um überleben, um mir einen Lebenssinn auch geben – sie anschauen, sie wahrnehmen und auflösen. Schritt um Schritt, in meinem Rhythmus, in meiner Zeit. Damit all die Angst, all die Verstocktheit, all der Schmerz aus Äonen der Zeit sich transformiert, entbindet und heilt. So wie es in meinem göttlichen Plan richtig und angemessen für mich ist – in Mona'oha, so ist es, So ham.

Ich lasse los meinen tagtäglichen inneren Kampf nicht perfekt, nicht gut genug denn sein, meinen Körper verbiegen müssen, um begehrenswert und attraktiv zu sein. Ich lasse los nach vielen Regeln mich verhalten müssen, um ein wichtiges Mitglied der Gesellschaft sein. Diesen hohen Druck, dieses Übermaß an Selbstanforderung bin ich bereit aus meinen Chakren, aus meinen Lichtkörpern, aus meinem Unterbewusstsein freigeben – jetzt in all der Liebe, all dem Eins-Sein mit meinem hohen Selbst und dem Lichte von Gottvater, Gottmutter, der höchsten Quellenebene nun vereint. Damit sich alles formiert, ich in Wahrheit mich wieder sehe, wieder spüre und annehme, immer mehr immer mehr. All das Zerrbild aus dem Kollektiv der Männer und Frauen verwandelt sich in mir, regeneriert und erlöst sich ohne Druck, es geschieht.
Wir aus dem Lichte der Engel, der aufgestiegenen Meister und Meisterinnen sind mit dir in all der Behutsamkeit, all der Intensität, damit immer mehr, immer mehr du dich wieder öffnest und wie ein Schmetterling das Licht des Lebens wieder erblickst. Damit die Wärme der Sonne auf allen Ebenen wieder einstrahlt, ganz tief, tief in dich hinein. Denn genau so wird es geschehen, denn so ist es für dich richtig, ist es vorgesehen, so steht es geschrieben in deinem göttlichen Plan – so ist es, So ham.
Ich lasse los all die Selbstzweifel, all die Negativität, das Destruktive, welches ich manchmal spreche, denke und auch lebe. Ich bin bereit mich hingeben und in meiner Zeit alles freigeben, damit das höchste Licht, die Wahrheit meiner Seele sich ergießt in meine Chakren, mein

irdisches, göttliches und menschliches Sein. Damit ich mein irdisches Gott-Mensch-Sein anerkenne und diese Kraft in mir selbst, in meinem Leben spüre. Ich bin bereit mir erlauben dies wieder annehmen in all der Schönheit, der Transparenz, all der Leichtigkeit – genau wie damals in alter, alter Zeit, als ich gelebt, gedient und mit allem vereint.

Dies möchte machtvoll auferstehen über dich, Meisterin, Meister – Om Tat Sat der neuen Zeit – in Einheit mit all deinen Körpern, auf allen Ebenen dich wieder vermählen.

Sag: „Ja, ich bin bereit Mitschöpferin, Mitschöpfer in Reinheit, in erlöster Form wieder sein, so ist es, So ham – Kodoish Adonai."

Ich lasse los all die Manipulation, all die Fremdbestimmung, welche ich erlebt in alter Zeit, in vielen, vielen Leben der Vergangenheit. Ich gebe nun frei all die Selbstanklage, die Selbstzerstörung, welche daraus erwachsen in diesem Leben. Ich gebe allen Menschen und Wesen erlöst, entbunden, gereinigt und geheilt ihre Seelenanteile nun wieder durch das Licht der hohen Selbste, der Engelbrüder zurück. Ich nehme all meine Eigenermächtigung, all meine Seelenanteile, welche noch verblieben sind aus alter Zeit und aus diesem Leben hier und heut gereinigt, entbunden, erlöst und geheilt wieder an. Ich bin bereit alles integrieren gemäß meinem göttlichen Plan. Ich lasse Ena, den Kristall der Vergebung, aus meinem Herzen, aus allen Kanälen in euch strömen, in euer Sein auf allen Ebenen. Ich atme Ena, den Kristall der Vergebung, diese Wortschwingung nun tief, tief auch in mich selbst, in meinen Erdenkörper hinein.

Damit die Kraft der Vergebung sich ausdehnt, sich vereint mit mir in all meinen Körpern, auf allen Ebenen in meinem Sein.

Es geschieht, denn wir sind mit dir – die hohen Selbste aus dem Kollektiv aller Menschen und Wesen. Damit all die Freude, all die Lebendigkeit auf Erden hier in deinem Leben, im Leben von Mensch und Tier wieder zirkuliert. Es geschieht, fürchte dich nicht. Jubiliere und stimme mit ein.

So möchten wir dir, die Engel der Transformation, der Wandlung, des Neubeginns in deinem Erdendasein unseren Dank senden. Auch all den Menschen und Wesen „Danke" für das Erlebte, welches ihr miteinander geteilt in vielen, vielen Leben und in dieser neuen Zeit.

Wir verabschieden nun all die Energien aus deinem Erdenkörper, deinem Seelenkleid für jetzt und für alle Zeit bis in die Ewigkeit, welche nicht mehr in dich hinein gehören und in dein neues Dasein. So wird es geschehen, denn so ist es für dich richtig, ist es vorgesehen, so ist es, So ham.

Es grüßen dich im leuchtend violett-goldenen, transformierenden Schein die Engel der Wandlung, der Erneuerung mit dir vereint – So ham.

Ja, du bist bereit, so ist es.

Weckruf deiner Seele
Reinigung deines Lichtkörpers

Elohim
Kryon und sein Helferteam

Omar Ta Satt – der Willkommensgruß der Elohim, die Begrüßung durch das Licht der Engel, die Gegenwart des Kryon mit dem gesamten Helferteam heißen dich willkommen. Wir werden dich begleiten, dir Information, dir Unterstützung, dir Beistand denn geben. Damit der Neubeginn in deinem Leben, welchen du schon vielfältig angewandt, getan und gelebt, geliebtes Menschenkind, damit all dies noch weiter sich ausdehnt, sich verbindet auf allen Ebenen, in welchen du bist.

So beginne sanft dich nun entspannen, dir gewahr werden über deinen Atem, einige Male tiefer in dich hineinatmen. Damit all die Energien, welche dich umgeben, welche du aufgenommen an diesem Tag über das Kollektiv von Menschen und Wesen, sich klären. Damit durch die Gegenwart der Engel die violetten transformierenden Flammen nun alles verzehren aus deinem Erdenkörper, aus deinen Lichtkörpern, deinem Seelenkleid. Es geschieht in all der Sanftheit, im tiefen Vertrauen mit der Liebe, der Geborgenheit von Daheim, Meisterin und Meister der neuen Zeit.

Die Herzensblumen, die Blumen des Lebens beginnen sanft sich in deinen Lichtkristallen nun öffnen, die goldenen Portale auf all deinen Ebenen fangen an sich nun reinigen, beginnen im Lichte der Engel, der dienenden Helfer des violetten göttlichen Lichtes all den Ballast nun transformieren. Damit das Unerlöste, welches dich gefangen nahm, dich abgetrennt hat von deinem Feingefühl, der hohen Schwingung, welche du wieder erworben hast, sich befreit.

In vielem hast du deine Klarheit wieder erlangt. Lebst dein göttliches Sein, dein Erbe, welches du vor langer, langer Zeit einmal abgelegt hast. Damals bist du in die tiefste Erfahrungsebene hier auf Mutter Erde hinabgestiegen, hast dich bereit erklärt dich neu entdecken und manifestieren. Dich herauslösen aus all dem Dunkeln, all dem Schweren der vielfältigen Energieeinflüsse, welche hier auf dem blauen Planeten noch sind. Nun spürst du, das Rad der Zeit löst sich auf in Höchstgeschwindigkeit. Es ist, als rinnt der Tag durch deine Hände, immer schneller lösen sich die Ereignisse, all das, was einmal Bestand in deinem Leben gehabt hat, auf. Dies dient deiner Entwicklung. Damit du nicht der Spielball, das Opfer weiterhin bleibst, sondern zum machtvollen erlösten Meister, zur machtvollen erlösten Meisterin wieder wirst. Deine wahre Position als ein erleuchteter Mensch hier auf Erden in der neuen Zeit wieder inne hast, sind wir heute mit dir in all dem Schutz, all der Ausgeglichenheit bei dir. Damit der Weckruf deiner Seele dich ereilt, damit du noch tiefer die Worte vernimmst, dies begreifst und anwendest, göttlicher Mensch, in der neuen goldenen Zeit.

Die Strahlen der Engel beginnen in all der Fürsorge, all der Achtsamkeit dich einhüllen, dich umgeben. Damit aus den höheren lichten Ebenen sanft die Frequenzen in dich strahlen, in dich einfließen, göttliches Menschenkind. Damit all die Härte, all der Druck, welchen du in vielen, vielen Leben hast erfahren aus deinen innersten Kammern, aus deinen Zellen, deinem Unterbewusstsein herausströmt in die goldenen Schalen der Engel der Transformation jetzt hinein. Denn nichts, was du kennst, ist vergleichbar mit der hohen Licht-Liebesfähigkeit, welche wir über die Medien in dich lenken – tief, tief in dein Verstandesbewusstsein, in dein goldenes Herz. Damit diamantene Strahlen aufsteigen, all die Spiralen aus deinen Lichtkörpern sich vereinen, denn dies geschieht immer mehr, immer mehr. Die Wunder in deinem Leben fangen an sichtbar sich zeigen.

So möchten wir dir aus dem Lichte der Engel, Kryon, unsere tiefe Liebe, unser Elexier, unsere Anerkennung, unseren Beistand über die geschriebenen Zeilen dir senden, in deine momentane Lichtstruktur dir hineinlenken. Denn viele Helfer sind beteiligt an diesem Werk, damit dein Aufstieg, dein Erwachen, die Wiederannahme der Verbundenheit mit Allem-was-ist und insbesondere mit dir selbst wieder fließen kann. Damit deine Selbstliebe all die Spuren der Kontrolle, des Lenkens und Festhaltens, all die Starrheit wieder heil werden lässt – erlaube dir dies in unsere Hände freigeben. Wir sind bei dir in all den Situationen momentan, welche dich vernebeln, dich abschneiden möchten, von deiner Herzensliebe dich trennen. Om Tat Sat, fürchte dich nicht.

Ja, so einfach geschieht Erlösung in deinem Leben. Die hohen Energiewellen, welche du aufnimmst, bewirken in dir all die Transformation, die Umwandlung tief in deinen Zellen, in deinen Genen. Denn über die Kraft der Stimme, über die Farben und Töne geschieht Heilung – Osam an dir. Dein Verstand wird in all der Behutsamkeit

wieder in seine wahre Position eingestellt, damit deine fein gestimmten Instrumente, deine Intuition, deine Berührbarkeit über dein Herz, über deine Hände, deine alte Weisheit wieder aufsteigt.
Denn viele Worte sind in deinem Leben schon gesprochen. Die Zeit ist gekommen in die Handlung nun gehen. Jeder Mann, jede Frau an ihrem Ort, an ihrem Platz, damit das Höchste kann geschehen an Neubeginn. Heute, genau wie damals, als die alten Kontinente durch Manipulation, Rivalität, Krieg und Angst, Neid und Missgunst versunken denn waren. All dies ist auch heute in dieser Zeitebene nebeneinander und du bist mitten drin. Hast die Wahl wahrhaft in der Wahrheit deiner Seele nun mit dabei sein. Du wirst gebraucht deinen Platz wieder einnehmen als Meisterin und Meister aus alter Zeit.
Spüre hinein in dein Leben. Ein Wettlauf mit der Zeit, die Suche nach Erfolg und Erfüllung. Welchem Antrieb entspringt dein wahres Sein? Denn, wenn der Samen, dein Erkennen aufgegangen ist, möchtest du nichts mehr verändern. Dann bist du bereit, die höchsten Liebesströme in dich einfließen lassen in deinem Leben, in all die Situationen, welche dir begegnen. Blickst dann deinem Feinde, scheinbar, mit all der Akzeptanz der göttlichen Liebe in die Augen, erkennst welche Verstrickungen dich mit ihm gerade verbinden, schenkst dir und ihm dann all die bedingungslose Liebe. Damit dein göttliches Licht sich weiter kann ausdehnen, nicht mehr sich ablenkt im Feld der Dualität.
Ängstige dich nicht. Oftmals ist Einsamkeit, ein Ausgeschlossen-Sein der Preis der Verwandlung, des Los-

lassens in deinem Leben. Doch dies, ich möchte dich beruhigen, ist nur vorübergehend. Denn die Seelenfamilien, die Lichtgeschwister aus alter Zeit finden sich im großen Bunde, im goldenen Lichte Lemurias, des erlösten Atlantis wieder – hier auf Erden vereint. Damit von neuem beginnt, was in der alten Zeit tagtäglich gegenwärtig gelebt, geliebt, geprägt war von dieser hohen Bewusstheit.

All diese Kraft fließt jetzt mit jedem Wort, jedem Buchstaben in dich sanft hinein, damit all die Anstrengung, all der Druck, all dein unbewusstes Kontrollbewusstsein sich auflöst. Die Strahlen der Wirklichkeit durchdringen und durchströmen dich. Damit die Leichtigkeit, die Wiederannahme dieser Wahrheit aus deinem Herzen in dein Verstandesbewusstsein aufsteigt, göttlicher Mensch, geliebtes Menschenkind. Denn jedes Wort hat hohe Bedeutsamkeit, entspringt den Ebenen neuer Dimensionen. Lässt Energiewellen in dich fließen, dich aufnehmen überall in deine Chakren, deine Lichtkanäle. Geliebtes Menschenkind, tauche ein in die Geborgenheit aus dem Lichte der Engel, von Kryon. Sprich auch dein inneres Kind liebevoll an, damit die Offenheit, das Vertrauen du spüren kannst. Die lichten Energien durchdringen all deine Körper, deine Lichtmembranen.

Auch ist es von großer Bedeutung, dass die Anordnung der Worte in deinem Leben von einer hohen Licht-Liebesschwingung getragen wird. Erhebend, mit der Kraft der Herzensliebe begegnest du wieder allen Menschen und Wesen. Erhaben – genau wie Gottvater und Gottmutter – beginnst du die Sprache der Poesie, die Sprache der Liebe sanft in allen Farben des Lichtes

wieder übermitteln.
Die alten Dogmen werden aus deinen unbewussten Kammern aufgelöst. Denn so Vieles ist in tiefe Schuld und Scham getaucht, hineingestoßen worden in den alten Energien durch die Machthaber, welche im Namen Gottes gedient, den Menschen scheinbaren Schutz haben gegeben. All dies ist nun vorbei, denn erinnere dich – die neue Zeit bringt all das Gute und Erhabene in einem Menschen nach oben. Spült das Alte aus allen Energiekörpern sanft heraus, lässt alle Qualitäten in ihm erstrahlen. Die dunklen Schatten, welche ein Mensch noch in sich trägt, welche noch wirksam sind, werden herausgespült, geliebtes Menschenkind. Dies zeigt dir an, welcher Umgang dir angenehm, in welchen Kreisen du dich wohl fühlst und welche Bereiche dir nicht mehr dienlich sind. Damit deine Lichtstruktur, deine Lichtkörper sich erhellen, weiterhin ausdehnen in deiner göttlichen, neuen Welt. Kannst nicht ermessen mit deinem Denken, deinem Verstand, welch hohe kristalline Licht-Liebesstruktur dich durchströmt in all deinen Körpern, auf allen Ebenen. Lass los deinen Verstand und gebe dich hin, in die Hände der Engel.
Damit die Wahrheit deiner Seele, welche du vernommen, du in dein Leben nun integrierst. Du beginnst wieder die zwölf göttlichen Strahlen anwenden und erleben. Blick in den Spiegel und erkenne die Leere darin. Denn du bist mehr als das, was du auf Erden hier siehst. Damit all deine höheren, die höchsten Aspekte sich wieder integrieren in dir, sind diese goldenen Worte für dich bereit, berühren dein Herz genau jetzt in dieser Zeit.
So werde ich, Kryon, dich mitnehmen auf eine Reise zu

dir, auf die höheren Ebenen neuer Dimensionen, in welchen du schon immer unbewusst und bewusst gelebt. Welche sich vereinen wieder hier auf Erden mit dir in all deinen Körpern, in deinem leuchtenden Herzen, in deinem Verstand – Om Tat Sat- Lichtpionier, der du bist. Mona`oha, vertraue uns und vertraue dir.
Und so bist du in all der Ruhe, Onar, in all der Entspanntheit jetzt bereit den Stern der Liebe aus deinem Lichte, deiner Seele nun empfangen. Er steigt hernieder in all der Schönheit, der Transparenz, in leuchtenden Klängen, in rubinroten Farben, durchflutet und durchtränkt deine feinstofflichen Ebenen in all der Leichtigkeit, dem göttlichen Schweben. Damit du loslassen nun kannst, fließen die leuchtenden Sterne aus deiner Seelenebene nun im rubinroten, leuchtenden Glanz hinein in dein Seelenkleid, in deine Chakren.
Sag: „Ja, ich bin bereit!" Atme ein über deine geöffneten Lippen sanft, damit all der Frieden, die Heilkraft nun in dich gelangt. Als Boten der göttlichen Kraft, der göttlichen Macht, des göttlichen Lichtes sind wir in all der Geborgenheit an deiner Seite, wiegen und halten dich sanft, so wie es jetzt in diesem Zeitpunkt für dich angenehm ist. Damit die rubinrot-leuchtenden Sterne in dir zirkulieren, dich aufladen. Damit all dein Begehren, das Habenwollen, dein „Ich muss doch stark sein und funktionieren", „Ich möchte doch geliebt und anerkannt sein" – damit all diese alten Programme, diese Denkstrukturen sich erlösen in dir. Damit all die Freiheit und Toleranz du dir wieder erlaubst, jetzt und hier dies wieder annimmst – ewiglich. All dies geschieht mit dir. Über jedes Wort, welches du aufnimmst, fließt das höchste

kristalline Licht, zirkuliert in dir, um dich umprogrammieren, dich verwandeln, göttlicher Mensch, geliebtes Menschenkind. Denn dies ist für dich auf der neuen Erde hier richtig, ist vorgesehen, findet statt.
All die Szenarien, welche vorhergesagt – dort, wo du bist, wird es sie nicht geben. Denn so viel Liebesenergie, so viel Bewusstheit und Veränderung hat das Kollektiv der Menschen hier wieder erlangt. Dem applaudieren wir mit den höchsten Glückwünschen, der höchsten Freudenschar.. Es gilt für dich im Jetzt und Hier mit all dem wieder lernen umgehen, dies annehmen, anwenden, Meisterin der Energien, Meister der Töne und Farben, Meister der Transformation in vielfältiger Art – wieder annehmen deine Erfüllung, deine Berufung.
So sage ich dir als Kryon, spüre in dich hinein. Möglicherweise fühlst du Erschöpfung, ein Ausgelaugt-Sein. Halte deine Hände, wann immer es dir möglich und du den Impuls spürst über diese Zeilen, damit dein Engelskleid, deine feinen Membranen die Kraft der Wirklichkeit aufnehmen und dir Unterstützung geben, göttlicher Mensch, Engel auf Erden im neuen Dasein wieder bereit.
Es ist eine Ehre, Kapitel um Kapitel dich weitertragen, dich umgeben mit der Fürsorge, dem Geleit aus dem Lichte der Engel. Die Herzensberührung, die tiefe Liebe, das alte Erkennen, dieses Wohlgefühl, diese Wahrheit in deiner Seele lässt all das Loslassen geschehen, denn du hast „Ja" gesagt.
So sagen wir aus dem Lichte der Engel für all die Offenheit, das Transformationsgeschehen unseren Dank, unser An`anasha in all der Freiheit, all der Toleranz, der

göttlichen Liebe in dich hinein. Lass es dir gut ergehen, bis wir uns wieder sprechen, wieder sehen oder hören, in deiner Zeit – Om Tat Sat, Meisterin, Meister der neuen Zeit, so ist es, So ham.

Im Willkommensgruß der Engel.
Ich bin Kryon mit dir vereint, so ist es, So ham.

Kodoish, Kodoish,
Kodoish Adonai ´Tsebayoth

Heilung von Traumata und Todesangst
Lemurische Reinigung deines physischen Körpers

Seraphis Bay
Jesus Sananda
Mutter Maria

Omar Ta Satt – wir begrüßen euch heute, der Ältestenrat der hohen Priesterschaft, um euch die alte Weisheit, die Heilkraft in vielfältiger Art übermitteln durch unsere Schwester Luah`ya mit Eno'ah vereint auf Erdenebene.

So beginne dich öffnen, beginne dein Herzenslicht wahrnehmen, indem du eine angenehme, bequeme Lesehaltung nun einnimmst. All die Einengung an deinem physischen Körper wahr nimmst und veränderst, einige Male in deinem Rhythmus in dich hinein atmest, ganz bewusst. Damit all die Unruhe, all dein Angetrieben sein, welches dich aus deinem Gleichgewicht gebracht hat und in deinem magnetischen Feld, in deinem Traumkörper immer noch schwingt, sich wieder harmonisiert. Damit die neuen Dimension dich berühren und du in ihnen wieder wandeln wirst – mit beiden Beinen hier auf unserer Mutter Lady Gaia und in den Welten der Universen.

Wenn du sagst: „Ja, ich bin bereit all die Regeneration, die Wiederannahme meiner eigenen Heilinstrumente, meine Einflussnahme, meine wahre göttliche Kraft, meine Herkunft wieder annehmen in all meinen Körpern, auf all meinen Ebenen, ohne Raum, ohne Zeit" – so wird es geschehen in deinem ganz eigenen Herangehen, in deinem Gespür gemeinsam vereint mit der höchsten Quelle Gottvater, Gottmutter und dem Sohne. In der Trinität wird all die Heilkraft nun befreit in dir, Lichtschwester, Lichtbruder, egal wie dein momentanes physisches Sein sich darstellt.

So atme und lasse diesen Balsam in dein Herz, in deine Organe liebevoll hineinströmen, dich durchtränken von vorne bis hinten. Damit gerundet, liebevoll harmonisiert deine Lichtkristalle, dein Neutronengewirr, deine Lichtstruktur, deine Matrix sich beginnen nun neu ordnen.

All die Unterstützung, die Vielfalt, welche aus unseren Ebenen strömt – von deinen Brüdern und Schwestern aus Lemuria, von all den helfenden Händen auf deiner Erde, all den Heilern und Heilerinnen, den Weisen und Wissenden – darfst und sollst du für deine Genesung, für die Wiederherstellung all deiner Körper dir erlauben.

Und so sage: „Ich bin bereit all das Unerlöste, das tief Verborgene in mir frei geben, aufsteigen lassen aus mir, aus all meinen Chakren, aus meinen Lichtkörpern auf Erden, in der Galaxie und im kosmischen Verbunden-Sein – möchte dies reinigen und klären. Damit der Neubeginn in meinem Leben sich vollzieht, sich vollendet, so wie es in all der Geborgenheit mit meinen Lichtgeschwistern in der Feinstofflichkeit und hier auf Erden richtig und vorgesehen denn ist. Ich bin bereit – loslassen, mich überantworten in die Essenz meiner Seelenführung hinein."

Dies ist der erste Schritt Om Tat Sat, Lichtschüler, welcher du bist, um in deine Meisterschaft wieder gehen, Schritt um Schritt. Loslassen, dich hingeben, damit die Reinigung durch die göttlichen Strahlen kann geschehen über ein Medium, einen Heiler, eine Heilerin oder dich selbst – je nach dem – du kannst es selbst ermessen.

Dann folgt der zweite Schritt, die zweite Frage, welche wir, der karmische Rat, dir stellt: Wie wertvoll ist dir dein Erdenleben? Bist du bereit loslassen und erkennen wie tief die Illusion ist in deiner Situation, welche du dir hast aufgebaut. Du hast geglaubt im Materiellen deine Erfüllung finden. Hast vieles einfach hineingenommen, hinuntergeschluckt, zurückgehalten, dich geduckt, dich klein gemacht. Doch nur selten hast du dich gelebt, die Wahrheit deiner Seele aus deinem Herzen, aus deinem Munde, aus deinem gesamten Körper hast fließen lassen, diese große Kraft freigegeben. Nun spüre in dich, fühle – denn das Wunder kann und wird geschehen mit all der Unterstützung aus dem Licht, den Engeln auf Erden, welche dich umgeben, göttliches Kind, ängstige dich nicht.

So beginnen wir sanft die Todesangst, welche du erfahren als du ein Urteil, eine Diagnose hast erhalten, diesen Schock aus dir, aus deinen Gedanken, aus deinen Lichtmembranen, deinen Kristallen, deinem Herzen physischer Art sowie dein lichtes Herz sanft im violettgoldenen Strahl nun reinigen und transformieren. Damit all die Qual, die Todesangst, die Ausweglosigkeit, diese Energien, welche sich in dir angelegt, dich gefangen nehmen, abfließen. Damit ein Durchatmen, die Neutralität aus deinem Sakralzentrum, aus deinem Sonnengeflecht, aus all deinen Körpern in dir wieder aufsteigt. Damit in Neutralität, ohne Bewertung du dich spürst.

Denn alles liegt nun wie ein offenes Buch vor dir. Du spürst tief in dir, warum es so weit gekommen ist. Lange hat sich alles aufgestaut, hat sich summiert aus diesem Leben und aus alter Zeit, ist angelegt in deinem Unterbewusstsein. In der hohen, goldenen Energie der neuen Zeit ist dies nicht mehr unter den Teppich zu kehren, wird automatisch an die Oberfläche, auf deinen Erdenkörper projiziert, wird sichtbar. Es zeigt sich in deinem Leben in fortwährenden Tendenzen, Symptomen und Disharmonien. Diese sind wie Medizin und möchten erkannt und los gelassen werden. Damit das Unerlöste in dir, der Neubeginn in aller Klarheit und Wahrhaftigkeit sich vollzieht. Du bist der Meister, die Meisterin deines Lebens und entscheidest, ob du in diesem Erdenkörper verweilen möchtest oder ein Ausruhen in der Feinstofflichkeit für dich nun richtig und vorgesehen ist – göttlicher Mensch, geliebtes Menschenkind, ängstige dich nicht, dir stehen alle Möglichkeiten der Regenbogenmedizin bereit.

Aus dem Lichte der Engel sind wir bei dir, um all die Unterstützung, den Beistand dir nun geben, damit die Kraft der Erlösung dich durchströmt und zirkuliert in dir. Damit dein Lebensbuch, deine Akasha sich dir eröffnet mit all den liebenden Helfern in Verbundenheit. Damit du all die Möglichkeiten der Regenbogenmedizin nun nutzt, ohne Druck, es geschieht, sie sind vielfältig für dich bereit.

So atme in dich hinein, denn wir, der Ältestenrat aus Lemuria, möchten das höchste Wohlsein für dich. Möchten dir auch die Angst vor dem Hinübergehen, die Angst des Verlassens des physischen Körpers nehmen, dich einbetten in die göttliche Wahrheit, in all die Liebe und Geborgenheit. Denn wir alle werden uns wieder sehen. Bist mit so viel Liebe und kristallinem Licht angefüllt. Auch wenn du heute bereit wärest deinen Erdenkörper frei geben, mit hinübergehen in die Avantgarde, wirst du aus den Lichtebenen all die Unterstützung für deine Schwestern und Brüder auf Erden hier geben, für deine Familie und alles was dir wichtig ist. Damit sich alles genau so vollende, sich einstelle wie es für dich und die Wahrheit deiner Seele richtig, dir dienlich und angemessen denn ist.

Doch wir werden – mit Eno'ah, mit Luah`ya, mit dem Lichte der Engel, mit den Meistern und Meisterinnen, welche vor euch den Weg gegangen – alles tun, damit die Wunder in eurem Erdenkörper, die Regeneration, das Erblühen sich einstellt. Denn lemurianische Heilkraft, du fühlst es schon, ist bedingungslose Liebe, ist das Heimkehren, das Loslassen tief in deinen inneren Ebenen. Je mehr du wieder gereinigt und angefüllt bist mit dem göttlichen Strom, den Farben des Lichtes, wirst du den Neubeginn in deinem Leben wieder spüren, den tiefen Frieden, die Ruhe mit Allem-was-ist, das ewige Leben in diesem Erdenkörper – So ist es, So ham. Wir gehen voran.

Dann beginnt vielfältige Heilung überall wenn dein Wohlgefühl, deine Intuition wieder sichtbar werden. Beginnt kraftvoll wirksam sein in den verschiedenen Körpern, auf den noch getrennten Ebenen in deinem Sein. Damit Vereinigung, die Einheit sich einstellt, Stück um Stück, Zug um Zug, in deinem Rhythmus, in deiner Zeit. So atme, lass unsere Gegenwart über jedes Wort in dich hinein strömen.

Auch möchten wir unseren Schwestern und Brüdern auf Erden hier, welche im medizinisch- wissenschaftlichen Bereich sich einbringen und ihr Bestes geben, danken, sie lieben und ehren. Denn auch ihr Wirken ist anerkannt und wertgeschätzt – manchmal wird es dein Leben retten. Wir möchten diese Worte vertiefen, denn alles entspringt der gleichen Substanz, dem göttlichen Lichte. Jeder Mensch trägt eine unterschiedliche Berufung in sich. Diese mag sich verändern in seinem Herzen oder einem anderen Ansatz folgen – dies darf und soll so sein. Damit die Vielfalt und das Auswählen in deinem Herzen dir Erfüllung, Lebensfreude, Gesundheit und Wohlstand schenkt, dich beglückt, dein wahres göttliches Sein belebt. In all der Gelassenheit, denn die Ausgewogenheit, die göttliche Freude, das göttliche Lachen – dies steigt wieder auf in dir.

Je weiter du erhoben bist in deiner Göttlichkeit, in deinem wahren Lichte, spürst du Nuancen im Sprechen, im Bewegen – all dies gibt dir Aufschluss über die inneren Ebenen eines Menschen, schenkt dir die Perlen der Weisheit. Denn du bist in deinem Aufstieg, bist in deinem Aufwachen – in deinem Erwachen.

Nun möchten wir dir weitere Botschaften denn geben. Die Schocks und Traumata in deinem momentanen Leben sowie aus der Vergangenheit möchten aufgelöst werden in deinen Energiekörpern, deinem Seelenkleid. Dies, spürst du, entspringt der Wahrheit. Die machtvollen Heilströme beginnen denn fließen, insbesondere durch die Anerkennung, die Annahme, was momentan in deinem Leben, in deinem Erdenkörper in Disharmonie ist. Dies ist wichtige Voraussetzung: Annahme, bedingungslose Liebe und Dankbarkeit.

„Ich danke dir, du Geschwür, Tumor, Gewächs, welches sich in meinem Erdenkörper, in Organen sich mir zeigt. Ich danke dir und wertschätze dich. Habe so lange nicht gespürt, habe weggesehen, nicht hingehört, bin weggelaufen vor mir – vor der Wahrheit meiner Seele, vor meinen wahren Gefühlen. Der Schrei nach Liebe, nach Freiheit, nach meinem neuen Leben in mir, ich möchte ihn tun – tue ihn auf meine mir eigene Art. Ich bin bereit mich hingeben mit meiner Seelenführung, meinem hohen Selbst nun vereint. Werde mein Leben verändern! Loslassen und mich wieder spüren!"

Und so atme, wie damals in deiner Kinderzeit, bis in deinen Beckenboden tief hinein, spüre Entspanntheit, spüre die Anwesenheit der geistigen Helfer aus dem Lichte der Engel, welche in all der Liebe dir den Schutz, die Fürsorge, all den Beistand dir schenken. Damit der Neubeginn in deinen inneren Ebenen auch äußerlich sichtbar wird. In all der Sanftheit, all der Ruhe und Gelassenheit, denn nichts mehr kann dir geschehen, was an Schaden dir wäre. Die Grenze von Leben oder Tod hast du dir selbst gesetzt. Erkenne du bist ewigliches Licht! Und wie du dich auch entscheidest – in der Essenz, in der Einheit des großen Geistes, wird dein Traumkörper, die Seele sich ewig erfahren.

Nehme Verbindung auf mit all der Liebe, all der Anerkennung für deinen physischen Körper. Beginne in deine Hände ihn nehmen, beginne sprechen und tönen, öffne deine Lippen, beginne summen, schreien, krächzen und stöhnen. Damit die alten Energien, welche deine Lungen,

dein Herz, deinen Bauchraum, deinen Beckenboden, deine Schulter- und Kniegelenke, deine Füße deformieren, deine Gedanken ruhelos fast sprengen – damit all dies sich befreit im Klang und Ton, in Farben der Wirklichkeit, der neuen Daseinsebene höherer Dimensionen. Denn Grenzen, das weißt du schon, möchten wir nicht setzten, nicht dir nahe bringen. Du bist grenzenlos. Bist bereit die Wunder in der Vielfältigkeit an Heilenergie wieder annehmen.
So beginnen die Meister des Lichtes, Meister Seraphis Bay, Jesus Sananda und Mutter Maria sich deiner nun annehmen. Beginnen mit ihren Strahlen in deine Chakren, in deine Kanäle nun einfließen, beginnen über deinem Haupte mit deinem hohen Selbst nun wirksam sein. Lassen sanft die Heilenergien aus den Ebenen der Meisterinnen und Meister in dich hinein, damit all die Geborgenheit für dein inneres Kind, der Schrei nach Liebe, Hinwendung und Aufmerksamkeit, welche du so selten gespürt, dir selbst hast nicht gegeben, dich einhüllt. Damit der goldene Kelch in deinen inneren Ebenen all die Leere, all das Ausgetrocknet-Sein, dich wieder erfrischt, durchströmt, regeneriert und erblüht in deinem Sein. Damit die Kraft von Seraphis Bay in deinem Beckenboden, in deinem Aufstiegskanal, deiner Pranaröhre, in deinem irdischen Sein in all der Achtsamkeit, der Intensität dich nun durchströmt. Damit Aufstiegsenergie, dein Kundalini-Licht aktiviert, entbunden, erlöst und geheilt wird, so wie es jetzt in diesem Zeitpunkt, in welchem du diese göttlichen Worte denn liest, für dich richtig, angemessen und vorgesehen nun ist.
So zirkulieren von oben und unten in all der Verbun-

denheit der göttlichen Ordnung die Strahlen der Meister und Meisterinnen jetzt in dich hinein. Jesus der Christ beginnt die Herzensliebe von allem, was momentan ist, in deinem Leben und darüber hinaus nun aktivieren. Damit das kosmische Licht in dich ströme, dich durchdringe, dein Erdenkörper sich verbindet, dein irdisches Licht sich neu ausdehnt. „Denn erinnere dich: Noch größere Wunder wirst du vollbringen, als ich getan, damals vor mehr als 2000 Jahren. Dieses Versprechen gab ich dir schon damals. Und so bitte ich dich deinen Fokus, auf deine Kraft, dein Pradna nun richten, sie annehmen und wieder freigeben. Diese goldenen Möglichkeiten sind jetzt und hier für dich."
So ist der Sohn, welcher die Liebe von Gottvater, Gottmutter vereint, nun bei dir, um mit dir sein. Damit dein Herzblut, die Lebensenergie, die Lebensfreude sich aktiviert in all deinen Körpern, in all deinen Ebenen in deinem Sein. „Ich bin Jesus Sananda, der kosmische Christ, jetzt mit dir vereint. Und so sagen wir im lichten Bunde unser An`anasha, unseren Dank, für dich – deine Offenheit, deine Wiederannahme deiner lemurianisch-atlantischen Heilkraft. Das Licht der Meister und Meisterinnen fließt in dich selbst hinein und durch dich in alle Menschen und Wesen, damit du deinen Platz wieder einnimmst als Om Tat Sat, als Studierender des Lichtes, als Kristallschamane geliebte Schwester, geliebter Bruder, Freunde im Licht der Liebe vereint."
Die Kraft der Mineralien kannst du in sauberem, reinem Wasser für deine Klärung nutzen. Auch die Kraft der Naturwesen und der Bäume, dieses Königreich liegt dir zu Füßen, in Verbindung mit Lady Gaia bei deinem Wan-

deln auf Erden. Mit jedem Laufen bewusst den Boden berühren, all dies zeugt von deiner lemurianischen Herkunft, schwingt in dir, möchte wiedergeboren werden in dir. Damit du voran gehst als Meisterin, als Meister in der neuen Zeit, den Menschen Anleitung schenkst, genauso wie in der Vergangenheit, in alten Leben.

So atme in dich hinein die Kraft der Liebe, von geliebten Menschen umgeben sein, wenn Herausforderung, Entscheidung in dein Leben kommen – diesen Beistand, er ist unermesslich für dein Reifen, für deine Wiederherstellung, den Neubeginn in deinem Leben.

Wir lieben dich, senden diese Botschaften über das Medium in dich, in dein Herz, in dein Verstandesbewusstsein. Möchten für heute uns sanft zurücknehmen – Kodoish, Kodoish, Kodoish Adonai.

Der nächste Zeitpunkt folgt, wann der Ältesten Rat wieder spricht durch Luah`ya, Eno'ah. So strömt das goldene Licht Lemurias in all deine Kanäle, in dein lichtes Herz sanft hinein. Wir sind mit dir vereint bis wir uns wieder sprechen, wieder sehen oder hören, so ist es, So ham, Meisterin, Meister auferstanden in der Kraft der Wirklichkeit – So ist es, So ham.

In Mono'To be gehen wir voran.

Übergang in die Essenz Gottes
Loslassen eines geliebten Menschen

Die Engel des Übergangs

Sei gesegnet, sei willkommen. Wir sind heute bei dir, um dich trösten, dich in die Annahme von all dem Geschehenen nun einschwingen. Damit du Vorwürfe, Schuld und Gram freigeben und loslassen kannst, göttlicher Mensch, geliebte Seele. Du hast einen Menschen frei gegeben, welcher hinübergegangen ist in die feinstofflichen, ätherischen Ebenen. Ganz plötzlich – vielleicht schien als würde es sich zum Guten wenden. Hast alles gegeben, hast dich eingebracht, im Licht der Regenbogen-Medizin den Weg geebnet. Auch geistige Botschaften hast du erhalten „Alles ist richtig. Alles ordnet sich." In deinem Denken hast du geglaubt dein Ehepartner, dein Kind, deine Mutter, dein Vater, ein Freund, eine Freundin bleibt auf Erden – ganz bestimmt. Viele gute Vorsätze hast du gegeben. Dennoch kam alles anders in deinem Leben. Du musstest loslassen von einem, deinem geliebten Menschen.
Wir, mit all der Fürsorge aus dem Licht der Engel, sind nun bei dir. Damit diese schwere Last, welche du unbewusst dir aufgeladen – all die Selbstanklage „Habe ich nicht alles getan?" sich erlösen. All die Zweifel „Die Botschaften der geistigen Ebenen, waren diese unwahr? Ich kenne mich nicht mehr aus, fühle mich nicht als ein Om Tat Sat, ein Lichtbringer der neuen Zeit." werden transformiert. Voller Trauer, voller Wut und Zorn wendest du dich möglicherweise ab. Doch geliebtes Kind, in all dem

Schmerz, all der Trauer sind höchste Geschenke für dich bestimmt. Nicht ein bisschen Heilenergie, ein bisschen Bitten und Flehen – erkenne: Es geht um das Annehmen von dem, was ist. Wenn ein Mensch bereit ist hier bleiben, Eigenverantwortung übernehmen möchte und bereit ist die Wahrheit seiner Seelen leben, dann können Wunder geschehen. Doch immer ist es von höchster Bedeutsamkeit all die Situationen frei geben. Nur das menschliche Denken und Klein-Sein möchte behalten, möchte alles lenken.

In dieser neuen Zeit werden alle Menschen erkennen, höhere Gesetzmäßigkeit, höhere Kräfte fließen, sind in Mutter Erde vereint, umgeben dich in deinem Leben. So möchten wir all die Trübsal dir nehmen und dir die Geschenke, welche in diesen Situationen aus den ätherischen Ebenen für dich bereit stehen, überbringen, geliebte Seele. Denn mit all deiner Hingabe, mit deiner Liebe hast du die neue Lichtenergie transportiert, hast mit deinen Worten, deinem Gespür diesem lieben Menschen begleitet und ihm deine Liebe geschenkt.

Nehme es an und fühle: Dein geliebter Mensch ist immer noch mit dir verbunden – wird ein Seelenstrahl deines Selbst. Ganz leicht ist auf der neuen Daseinsebene über den Lichtkörper, über deinen Herzensstrahl eine Verbindung. Erlaube dir diese Wahrnehmung, diese Wahrheit. Je öfter du dich verbindest und in Liebe die Annahme von genau dieser Situation übst, desto schneller hat deine Qual ein Ende. Denn du wirst kommunizieren, wirst den lieben Menschen, welcher voraus gegangen ist, spüren. Er wird dich leiten auf dem Weg deines Herzens. Er wird dir Hinweis schenken und Antwort auf deine

Fragen. Du wirst auf deine Art die Verbindung halten und ihn somit unterstützen, wenn dieses Wesen wieder inkarnieren möchte auf Erden hier. Diese große Kraft, diese Wahrheit möchten wir dir nahe bringen, in dein Herz dir legen. Auch über die Gnade, welche du mit jedem Gedanken aussendest, schenkst du dem göttlichen Wesen und dir Befreiung. Denn alles ist Eins.
Die Vorstellung eines Fegefeuers, welches in den Lichtreichen niemanden ereilt löst sich aus deinem Bewusstsein nun auf, göttlicher Mensch. Denn dies soll so sein. Atme, entspanne, öffne dich in deinem Erdenkörper. Lass dich berühren von dem feinstofflichen Licht, deinem Liebsten, dem Wesen, welches vorausgegangen, um dir den Weg bahnen in die feinstofflichen Ebenen. Du wirst erkennen all die unerlösten, nicht gelebten Lebensthemen, welche ihr unterdrückt, an den Rand gedrängt, nicht verwirklicht habt. Damit all diese Befreiung, dein Weitergehen für dein neues irdisches Leben, für das Leben in den ätherischen Ebenen im höchsten Glück geschehe, so wie es richtig ist und vorgesehen. Wachstum, Bewusstheit, göttliche Liebe, Stück um Stück. In diesem goldenen Glanze grüßen wir dich und all die Lieben, welche voraus gegangen. Die Himmelströster hüllen dich ein. Die Liebe der Engel der Wandlung und Transformation im leuchtend violett-goldenen heilenden Schein. So ist es. So ham.

Kodoish, Kodoish,
Kodoish Adonai 'Tsebayoth.
Wir sind die Engel des Übergangs aus den Tempeln
der violetten Flamme, so ist es, So ham.

Regenbogen-Medizin
Botschaften der Engel-Ärzte

Engelärzte
Heilende Wesenheiten
Lichtwesen
Aufgestiegene Meister und Meisterinnen

Omar Ta Satt, die Botschaften der Engel-Ärzte sind heute für dich bereit gestellt, dienen deiner Regeneration und der Aktivierung deiner Heilkraft – damit du eigenständig und im Kollektiv, in den Seelenfamilien und darüber hinaus dich wieder findest – so ist es, So ham.
In leuchtend grün-goldenen Farben begrüßen wir dich, hüllen dich nun ein, während du diese Worte, diese Zeilen liest. Die Energie der Liebe und Bewusstwerdung fließt in dich hinein, Om Tat Sat.
Nehme deine Aufmerksamkeit auf deinen Erdenkörper und spüre, wie du nun in die höheren Dimensionen reist, wie du in deine Göttlichkeit hinübergleitest, gemeinsam mit uns in den Lichtebenen vereint. Mit all dieser tiefen Verbundenheit begrüßen wir dich, laden dich nun sanft ein, dich hingeben in die Hände der Engel-Ärzte. Damit all die Disharmonie, welche dich gefangen nimmt, dich ängstigt und blockiert, aus alten Leben und aus diesen, heutigen Zeiten – damit all dies aus deinen verschiedenen feinstofflichen Körpern herausfließt.
Du weißt genau: Dein Erdenkörper ist Ausdruck des Ungleichgewicht auf deinen Seelenebenen, deinem unsichtbaren, energetischen Sein. Immer mehr, immer mehr erkennst du wieder, spürst die Bedeutsamkeit,

dieses subtile Wahrnehmen, deine Intuition. Alle damit verbundenen Bilder, Töne, Gedanken und Bewegungen steigen auf aus deinen inneren Ebenen. Du lernst sie wieder deuten und sie übersetzten auf deine dir eigene göttliche Art.

So atme in deinem Rhythmus in deinen Bauchraum bis in deinen Beckenboden sanft hinab. Denn deine Kanäle beginnen sich weit öffnen, deine Chakren sich ausdehnen, wenn das Licht der Wirklichkeit mit der Wahrheit deiner Seele sich verbindet, sich vereint. Dieses tiefe Erleben, dieses Fühlen trägt dich hinüber in dein eigenes, höchstes Licht wieder hinein. Ohne Wünschen, ohne Sehnen – es geschieht so wie es für dich in deinem göttlichen Plan angemessen, richtig und vorgesehen nun ist.

So wirst Du, genau Du Menschen begleiten, wirst sie aus Disharmonie, Angst und Leiden heraus führen – mit all der Hingabe, all der Sanftheit, der bedingungslosen Liebe, dem Elexier, Elexier, Elexier der Wirklichkeit. Glaube nicht, du könntest erst beginnen, wenn du dich selbst als erlöst und geheilt empfindest. Nein, indem du über dein eigenes Erfahren, dein eigenes Erleben dich öffnest und immer ausbalancierter in deinen Lichtkörpern, deinem irdischen Leben sich die göttliche Ordnung einstellt, die Disharmonien sich ausvibrieren, beginnst du mit deiner Lichtfrequenz, deiner energetischen Matrix überall dort, wo du dich aufhältst, Einfluss nehmen – Menschen öffnen, beruhigen, all ihr Sehnen, ihren tiefen Hunger nach sich selbst auch stillen. Du wirst in all dem subtilen Geschehen über die physische Körperebene eines Menschen auf die Lichtkörper schließen,

wirst Disharmonien, Muster und Programme verstehen. Du wirst mit den Augen der Liebe aus dem wertfreien, göttlichen Herzen all dies erkennen.
Wenn Menschen an dich herantreten und dich bitten, wirst du die Eins-zu-Eins-Heilung eröffnen, aus dem Hier und Jetzt, denn alles ist regenerierbar in deiner Balance, im Reigen der Seele. Aus deiner Mitte, aus der Ruhe und der göttlichen Liebe erhältst du alle Informationen aus unseren Ebenen. Im Hier und jetzt wirst du wirken. Ohne Wollen heilen! Wir werden dich gemeinsam nun führen, dich dahin bringen, damit die Verbindung hergestellt, in Windeseile die Lichtenergien der Heilung, der Transformation fließen, göttlicher Mensch, Om Tat Sat.
Ja, all dies kennst du schon aus alter Zeit, Lemuria mit Atlantis wieder vereint, um segensreich erblühen für Menschen und Wesen, damit die Einheit auf dem blauen Planeten sich ergießt auf allen Ebenen. Du wirst nicht mehr reflektieren, ob der Mensch jung oder alt, gesund oder krank, in Disharmonie sich befindet, denn für dich sind Krankheiten und Symptome Medizin zur Heilung einer unsterblichen Seele.
In dein Heiler-Team gehören viele, viele Lichtwesen: Erzengel Raphael, Meister Hilarion, auch Mutter Maria und Jesus der Christus – wirksam auf allen Ebenen. Lady Nada, Doktor Khan – mit all der Liebe, mit all der Wahrhaftigkeit. Jedoch auch alle Erdenhilfe ist gegeben. Denn die Regenbogen-Medizin ist offen für alle Möglichkeiten, alle Therapieformen, die sich stimmig und gut anfühlen, die uns im Hier und Jetzt begleiten.
Rufe uns an, spreche unsere Namen gemäß deiner Intui-

tion. Kannst nichts falsch machen. Unsere Aufmerksamkeit, unsere Präsenz fließt sogleich in das Heilungsfeld mit ein. Über deine Heilinstrumente – deine Hände, deine Fingerspitzen, die Worte aus deinem Munde, die liebevoll sanft über deine Lippen kommen, lässt du mit höchster Strahlkraft deine Energie einfließen in die feinstofflichen Organe. Damit die Erinnerung, all die Blockaden, welche in die Disharmonie geführt haben, aufsteigen bei dir selbst und bei dem Menschen, welchen du begleitest, welchem du Heilung nun schenkst.
Auch du trägst die 12 göttlichen Strahlen in allen Farbfrequenzen in deinen Lichtkörpern, in deinen Chakren. Erlaube uns nun sagen: Momentan ist die Verbindung mit uns gemeinsam noch kraftvoller und wirkungsvoller für dich und für die Menschen. Fühle hinein, es braucht dir nicht Unbehagen bereiten. Dies erinnert dich nur an dein Muster nicht gut genug denn sein. Erlaube dir und uns gemeinsam, Hand in Hand all das Gute und das Neue geschehen lassen. Damit die smaragd-grünen Strahlen in deiner Gegenwart wieder alles erbauen und herstellen – in Leichtigkeit, gemäß der eigenen Entscheidungskraft eines jeden Menschen und jeder Seele. Denn der Aufstieg im physischen Körper möchte sich in diesem Leben vollenden.
Über die Berührung deiner Hände an deinem eigenen Körper oder über die Berührung bei einem anderen Menschen sowie das vorherige Verbinden mit uns Lichtwesen, wird der Energiefluss so aus deinen Hand-Chakren strömen, wie es benötigt, wie es angemessen und dienlich ist. Auch ist es möglich, dass du dabei Töne senden möchtest und Bewegungen sich eröffnen – dann

vertraue dir, Mona`oha. Alles ist richtig, du möchtest nichts – es geschieht.
All diese Impulse kommen aus unseren Ebenen, gehören mit in die Heilungszeremonie. Brauchst dich nicht erschrecken, denn du wirst dich langsam wieder an diese natürlich-göttliche Heilungsweise gewöhnen. Damit die Schatten der Vergangenheit, welche dich geprägt im Kollektiv, sich Stück um Stück, immer weiter, immer weiter herauslösen – in all der Transparenz und Durchlässigkeit. Damit die kraftspendenden, natürlich schwingenden Möglichkeiten der Heilung in deinem Leben wieder wirksam werden, Om Tat Sat, Meisterin, Meister der neuen Zeit. Es ist dir gegeben, liegt in dir nun bereit.
So lass deinen Atem in deinem Rhythmus, in deiner Intensität strömen, ihn fließen, wie es für dich momentan angenehm und dir möglich ist. Über dein Haupt, deinen Kopf-, Schulter- und Nackenbereich, dein Herzzentrum, deine Arme und Hände sanft hinein strömt das flüssige Licht – in Kodoish, Kodoish, Kodoish Adonai `Tsebayoth. Es dehnt sich aus über dein Sonnengeflecht, hinab in dein Sakralzentrum wärmend hinein, um alles verbinden, alles ent-spannen in deinem physisch, menschlichen Sein. Liebevolle Wärme strahlt in deinen Beckenboden und spült alles hinaus. Damit deine Kundalini-Kraft in deiner Zeit wieder aufsteigt in all deinen Körpern, auf allen Ebenen in deinem Sein, Om Tat Sat. So fließen die heilenden Strahlen im grüngoldenen Lichte vereint deine wunderbaren Beine nun hinab. Sie hüllen alles ein, damit all das Unliebsame in deinen Gedanken, all der Selbsthass, all die Wut und der

Kampf ohne Anstrengung sich nun herauslösen – ohne menschliche, körperliche Kraft, Om Tat Sat.
All dies geschieht jetzt in dieser Gegenwart, fließt durch dich hinab aus dem höchsten Lichte, den Ebenen der Engel-Ärzte. Für dich bereitgestellt, für dich gemacht ist der Lichtcocktail aus der feinstofflichen Welt. Wärmend strömt er in deine Fußgelenke, deine Füße zirkulierend hinab, fließt aus deinen Fußzentren tief, tief hinab in Lady Gaia, deine Mutter Erde – in all der Leuchtkraft, all der Ruhe, Onar, welche wir dir nun senden. Damit in all deinen Körpern, auf allen Ebenen nun Heilung, Osam, sich ausdehnt, entfacht und entzündet in deinem Leben. All die Resignation, all die Mutlosigkeit, all die Ausweglosigkeit lösen wir nun sanft aus all den Ebenen, welche jetzt momentan für dich richtig, angemessen und vorgesehen sind.
Göttlicher Mensch, wir lieben dich. Wir sehen deine Zwiespältigkeit in vielen Bereichen. Doch erlaube uns dir sagen: All dies löst sich auf, heilt und wird er-lichtet von den Meistern der Wahrheit, welche diesen Weg selbst gegangen vor langer, langer Zeit.
Anerkenne und nimm an auch momentane Unterstützung und Hilfestellung in deinem Leben, sei es dir wert. Denn vieles auf euren Lebensebenen entspringt noch der Ein- bis Drei-Dimensionalität. Viel Verwandlung und Veränderung, Öffnung und Neubeginn ist schon geschehen, dies ist wahrlich sehr geehrt, mit großer Freude und Begeisterung in den feinstofflichen Ebenen gesehen und gehört und genau so wird es weiter gehen, ohne Szenarien – denn dies entspringt der allumfassenden Regenbogen-Medizin.

Die Regenbogen-Medizin folgt einem multidimensionalen Ansatz. Darin sollen die unterschiedlichsten Bewusstseinsebenen und die mit ihnen verbundenen Erfahrungen berücksichtigt werden. Sowohl Ansätze der klassischen Medizin mit aller Diagnostik, medikamentöser und apparativer Behandlung, als auch alternative medizinische, psychologische Verfahren, die mit subjektiver Erfahrung, Traummustern und allen Ebenen des Bewusstseins arbeiten, sollten dabei mit eingebunden sein.

Spüre in dein Herz, in deinen Bauchraum hinein. Bist du dabei? Hast du „Ja" gesagt vor langer Zeit all deine Weisheit, all deine Heilkraft, das ewige Leben wieder annehmen in diesem, deinem Erdenkörper – ob weiblich oder männlich?

So zirkuliert in deinem Aufstiegskanal der grün-goldene, heilende Strahl. Du bist verbunden mit Oben und Unten. Er zirkuliert über dich in Mutter Erde hinab. Aus deinen Chakren strahlt deine Schöpferkraft, dein heilendes, neugeborenes, göttliches Licht. Wir werden dich führen überall, wo du bist. Diese Zusage an dich, dieses Hand-in-Hand-Wirksam-Sein, diese Verbindung, atme sie, tief, tief in dein goldenes Herz hinein.

Heute ist deine Intuition, dein Vertrauen auf deine dir eigene göttliche Art neu erwachsen, tiefer vereint mit dir in der Gegenwart. Wirst dir neu begegnen, dich neu spüren und erleben. Die Lebensfreude erwacht auf allen Ebenen nun in dir, denn du bist vereint, bist als Heilerin, als Heiler der neuen Zeit aktiviert, Om Tat Sat, im lichten Bunde mit den Engel-Ärzten vereint.

So segnen wir dich liebend im göttlichen Licht, denn du

bist ebenbürtig genau wie wir. Lass dein Licht erstrahlen, damit Mensch und Tier regenerieren, wie auch du selbst. Verwehre dir nichts, wir zeigen dir alles, was du brauchst auf Erden hier. In dieser Wahrheit grüßen wir dich. Die Strahlen der Engel-Ärzte sind mit dir vereint, wann immer du dich öffnest in der Jetzt-Zeit für unsere Gegenwart.

So ist es, So ham.

Kapitel 3
Lemuria und Atlantis im Hier und Jetzt

Das Licht der Wirklichkeit
Die Energie von Atlantis und Lemuria im Hier und Jetzt

Meister El Morya

Wir heißen dich herzlich willkommen. Als aufgestiegener Meister, El Morya, stellvertretend für alle lichten Wesen aus den geistigen Ebenen, darf ich dich heute begrüßen, dich beschenken als Hüter und Lenker des saphirblauen Lichtes mit den Aspekten „der Willen Gottes, Selbstvertrauen, Schutz und wahrhafte Macht". Damit dein neues Leben auf Erden sich einstellt, beginnt sich manifestieren, als Om Tat Sat, als göttlicher Mensch der neuen Zeit du dich erhebst.

So ist nun der Zeitpunkt gekommen, das goldene Licht Lemurias und Atlantis wieder entflammen, wieder in dein Leben bringen. Damit die Wahrheit deiner Seele, dein eigenes höchstes Licht auf allen Ebenen erklinge. Die geistige Welt, die weiße Schwestern- und Bruderschaft, die aufgestiegenen Meister und Meisterinnen werden über das Medium ihre Worte an dich bringen. Gemeinsam vereint mit dem Lichte unserer lemurischen und atlantischen Seelenfamilie, in all der Reinheit, der Herzensliebe, damit sie uns all die Unterstützung, all die Führung für die erwachende Menschheit nun wieder geben.

Denn bei all diesen Neuerungen, bei all den großen Veränderungen in deinem Leben ist wahrlich eine große Portion Mut an all das Herangehen nun angebracht. Indem du dich nun öffnest für all die Worte, welche wir dem Medium in seine Gedanken, in sein Herz legen, steigt der

Gleichklang, all die Verbundenheit in deinem Leben, die Erinnerung, wer du bist, wieder in dir auf. Der göttliche Segen strömt sanft in dich hinein. Wir gemeinsam aus den höchsten Ebenen werden dir all die Unterstützung, all die Führung für deine Lebenssituationen in deinen Partnerschaften, deinen Familien, deinem Berufsleben geben. Damit zum höchsten Wohle von Allem-was-ist, gemäß dem lemurianisch- atlantischem Licht, all die Heilkraft wieder einkehrt auf dem blauen Planeten, deiner Mutter Erde, Lady Gaia, du lichtes Wesen, göttlicher Mensch.

Und so strömt das Licht der Wirklichkeit, seit du dieses Buch in dein Bewusstsein, in deine Hände genommen hast, damit du wieder spürst die kristalline Energie Lemurias. So viel Zeit ist vergangen. Doch nun wird Lemuria, Atlantis auferstehen – über deinen Beitrag, deine Verwirklichung. Die größten Wunder geschehen. Fühle dich mit all der Achtsamkeit, mit all der Hingabe, dem göttlichen Vertrauen nun auserkoren, damit aus unseren Höhen die göttliche Kraft nun wirksam ist. Kristalline Lichtebenen berühren dich, sie schenken dir den Einblick in neue Dimensionen deines Seins.

Ich bin El Morya, Hüter und Lenker des saphirblauen Lichts, möchte dir den Beistand nun geben. So ist es, göttlicher Mensch, welcher du bist. Kodoish, Kodoish, Kodoish Adonai 'Tsebayoth. So strömt in deine Aufstiegskanäle, deine Lichtkörper und deine Chakren jetzt in all der Behutsamkeit, gemäß deiner Intuition in dich hinein all die Erleuchtung, die Weisheit, welche wir dir senden. Damit der Neubeginn in deinem Leben nun Schritt um Schritt sich vollendet, die goldenen Städte sich hernieder senken, welche momentan in den ätherischen Lichtebenen sich befinden. Auf vielen Ebenen wirst du dich neu entdecken. Immer noch im Verborgenen Liegendes wirst du erfahren, damit die bereits vorhandenen neuen Dimensionen sich immer mehr integrieren in dein Leben hier auf Erden. Kristallschamanin, die du bist, Kristallschamane, der du bist – schon immer warst und immer sein wirst.

Ich gebe mich hin, als Christina Soraia Luah'ya, als euer Instrument, bin bereit als Medium all die Botschaften übersenden in dieser neuen goldenen Zeit. Die hohen Selbste – mein hohes Selbst und dieses meiner Zwillingsflamme Roland Sethja Eno'ah, gemeinsam vereint – sprechen lassen durch das Tor der neuen Zeit. Damit zum höchsten Wohle von Allem-was-ist, herniedersteigt, sich hier auf Erden vereint, was zusammen gehört. So soll es geschehen, denn so ist es richtig, ist es vorgesehen, so ist es, So ham.

Wir sind ein Meisterpaar der neuen Zeit, sind hierher gekommen, um wirksam sein. Luah'ya, die aufgehende Sonne, ist für euch bereit, gemeinsam mit Sethja Eno'ah, im goldenen Licht der neuen Zeit.

> Denn so steht es geschrieben,
> so ist es richtig und vorgesehen,
> so ist es, So ham.

Die heilende Kraft des Gebets
Reise in die Tempel von Telos

Hohepriester Adama
Geistige Helfer

Mache es dir bequem, öffne dich über deine innere Absicht, über dein tieferes Atmen. Denn aus den lichten Höhen, aus den anderen Daseinsebenen spricht nun mit dir der lemurianische hohe Priester von Telos, Adama. Er verbindet sich mit deinen Energien, mit deiner Herzensliebe, mit deinem gesamten Sein, welches du bist.
Möglicherweise hast du schon einiges vernommen von unseren lichten Städten im Inneren der Erde, sie thronen im heiligen Mount Shasta in Kanada. In deinem Bewusstsein, in deinem Herzen erbebt der Klang dieser hohen Energien, um dich vorbereiten, dich transformieren aus deinem menschlichen, alten Sein. In hoher Anzahl sind deine lemurianischen Schwestern und Brüder jetzt zugegen, jetzt mit dir vereint. Sie senden dir die herzlichsten Grüße in deine Lichtkörper, in deine leuchtenden Chakren, dein goldenes Herz sanft hinein. Damit all die Verbundenheit, unsere Präsenz du wieder spüren kannst in deinem Erdenkleid, in deinem Leben, göttlicher Mensch. Damit dein Erwachen, dein Erleuchtet-Sein auf allen Ebenen sich einstellt – Kodoish, Kodoish, Kodoish, Adonai ʻTsebayoth.
Und so beginnen deine Seelenanteile sich nun einschwingen, beginnst du in deinem Erdenkleid dich behaglich, dich geborgen nun fühlen. Mit jedem Atemzug, welcher

aus dir strömt und in dich fließt, beginnt das violette Licht der Transformation an dir wirksam sein, damit all die Botschaften deine Lichtkanäle nun in Achtsamkeit öffnen. Damit all die Wirksamkeit über deine eigene Quelle, deine Verbindung mit deinem hohen Selbst sich wieder zeigt. Dein Vertrauen du wieder erlangst und du mit deinem Tun in die Handlung gehst, geliebte Schwester, geliebter Bruder. Dies ist die Verantwortung, welche unausweichlich in deinem Leben nun wirksam ist, welche du beginnst annehmen und welcher du Ausdruck schenkst in deinem Leben.

Damit all die Resignation, die Angst und die Negativität, welche dich bindet, dich abschneidet vom göttlichen Licht-Liebesstrom, sich transformiert, möchte ich dir heute die Unterstützung nun schenken. Deine Lichtbrüder und Lichtschwestern, gemeinsam vereint, nehmen dich nun sanft an den Händen, um dich einreihen in unseren Kreis. Sei willkommen in den Tempeln des Gebetes, in welchen die Anrufung, die innere Einkehr, die Verbindung mit deinem „Ich bin", deinem göttlichen Sein ohne Ablenkung sich vollzieht. In diesen Tempel laden wir dich nun ein, reisen mit dir in einer großen Merkaba auf deinem eigenen Lichtgefährt nach Telos hinein, in das Innere der Erde.

Beginne dich wiegen in deiner Position, beginne dich einstimmen, deinen Körper sanft bewegen, als ob ein Kind sich schaukelt in den Armen der Mutter. Wiege dich hin und her, damit all dein Denken, all deine Vorstellung sich nun auflöst. Damit in den geheiligten Hallen der leuchtenden Tempel, im heiligen Tempel des Gebets deine Innenschau dir wird gewährt – Om Tat Sat,

Lichtkind, das du bist.
So bist du nun angekommen, stehst in den glorreichen Reihen mit deinen Brüdern und Schwestern, bist mit mir, Adama, nun vereint, noch tiefer, tiefer in meinen Lichtkörpern involviert. Damit die Worte der Liebe, die Verbundenheit mit deiner Ich- Bin-Gegenwart in dich zirkuliert, in dich hineinströmt.
Die weißen Tauben berühren dich, welche sanft über deinem Haupt ihre heilenden Kreise nun ziehen. Du bist in den heiligen Hallen des telosianischen Aufstiegs-Tempels, in welchem wir mit dir die Blumen des Lebens einatmen. Die Kraft des reinen Gebetes wird in dir wieder verankert. Damit all dein Sprechen um Beistand, um Erlösung, dein Bitten und Sehnen noch tiefer in deinem Herzensblut mit all deinem Gespür, mit der Wahrheit deiner Seele sich auftut, sich ergießt. Damit du die Verbindung mit uns in deinem Sprechen spürst.
Die kristallinen Bilder werden sich in deinem Leben auf der Erdenebene zeigen, du nimmst die Verwandlung wahr – wirst zum Kristallschamanen, zur Kristallschamanin des Alltags-Schamanismus im Jetzt und Hier. Jeder Baum, jeder Strauch, jeder See, das Gewässer, alles um dich herum, welches du erblickst, mit dem du dich verbindest – alles, was sich dir zeigt, was von dir gesehen werden möchte – entspringt deinem Bewusstsein und deinem Verbunden-Sein. Immer mehr wirst du eins mit deiner höheren Daseinsebene in den ätherischen, lichten Ebenen. Du spürst diese Magie wieder in dir, kannst dich aufladen mit all deinen Tönen, all deinen Bewegungen in Verbindung mit dem, was dich umgibt auf Erden hier. Kannst das Wahre erblicken, die wahre Schönheit, die

Botschaften entschlüsseln, bedingungslos mit deinem Herzen, deiner Intuition wieder spüren.

All dies wird dir heute in den heiligen Hallen, den Tempeln des Gebetes und der inneren Einkehr wieder gewahr. Du wirst berührt, genau wie damals, als in alter Zeit dies Gang und Gebe gewesen in deinem Leben. Du bist einmal gewandelt auf Erden in einem Engelskleid durchlichtet von Transparenz und Durchlässigkeit. Heute bist du auf Lady Gaia, damit durch dich das neue goldene Lemuria auf Erden wieder geboren werden kann.

Wir werden gemeinsam mit dir uns zeigen, es wird dir sichtbar werden, geliebte Schwester, geliebter Bruder. Denn die ätherischen Ebenen werden sich vereinen auf Erden hier – so ist es vorhergesagt, so ist es geschrieben – So ist es, So ham. Denn als Erdenengel bist du in vielen Dimensionen daheim. Erkenne und glaube, dann wird dir gegeben.

Erlaube dir, atme und nehme auf all die Liebesenergie im lichten Kreise deiner Schwestern und Brüder, in welchem du bist. Darfst nun ganz in die Mitte hineintreten, denn wir stimmen an zum Loblied für dich, für die Vereinigung mit deiner Ich-Bin-Gegenwart, deiner Ich-Bin-Präsenz, welche sich vereint mit all deinen Körpern und deinem Verstandesbewusstsein.

Der Klang fließt in dein Herz, vereint sich dort im rosagoldenen, transparenten Schein, damit das flüssige Licht, welches dich durchströmt – himmelwärts und tief in Lady Gaias kosmisches Lichtfeld hinein – dich weiter trägt, dich anhebt, dich transformiert. All dieser Lobgesang aus unseren vereinten Stimmen fließt in dich hinein. Und so lade dich auf. Du bist das Zentrum im Tempel des Gebets, in unserem Kreise jetzt vereint. Mit klaren Augen blickst du in deine Schwestern und Brüder liebevoll hinein, Erinnerung steigt auf – über dein wahres göttliches Sein, die Wiederannahme des ewigen Lebens auf Erden hier im leuchtend-goldenen Schein. All deine Weisheit, deine Heilkraft zirkuliert aus deinem Unterbewusstsein, damit du deine Erfüllung, deinen Platz im großen Ganzen wieder annimmst – Kodoish Adonai – Stück um Stück, denn du bist bereit.

Und so beginnen sie sanft auf Engelsschwingen dich emporheben. Deine Merkaba, deine Lichtkörper erstrahlen in Reinheit, in all der Beweglichkeit, der Transparenz und Durchlässigkeit. Damit die Worte des Sprechens – dein Gebet, diese machtvolle Verbundenheit mit deiner eigenen Quelle, dem kosmischen Licht von Gottvater und Gottmutter vereint – dich mit deinen lemurianischen Schwestern und Brüdern, die dich machtvoll begleiten, vereinen. Denn du bist genau wie wir, bist bereit unser Wiedersehen auf der Erdoberfläche und auch im Inneren von Lady Gaia wieder annehmen, wieder erleben und spüren.

So trägt das Licht der Engel dich aus den heiligen Hallen nun wieder in all deine Körper sanft hinein, bringt dich zurück in dein Tagesbewusstsein mit all der Güte, all der Achtsamkeit. Damit sich nun alles kann stabilisieren in dir. Damit die inneren Bilder, der Kanal in deine Ich-Bin-Gegenwart, die Kraft des Gebetes, des gesprochenen Wortes aus deinem Herzen sich mit dir in allen Situationen wieder vereint. Du bringst Licht in das Dunkle, du harmonisierst, wo Verzweiflung, Trauer und

Ausweglosigkeit sich befinden – an Orten in der Natur, bei Menschen und Wesen. Dein Licht erstrahlt immer mehr, immer mehr im kristallinen Tanz der neuen, heiligen Zeit.

In dieser Freude, in dieser Lebendigkeit von innen nach außen, in diesem Eingebettet-Sein sind wir mit dir verbunden. Über unsere Lichtgeschwister Eno'ah und Luah`ya fließt diese tiefe Wahrheit, diese Unterstützung in dich hinein, damit du neugeboren als Meisterin, als Meister dies spürst in deinem Herzen. Damit du deine eigene Einflussnahme, deine Kraft wieder annimmst in deinem Leben hier. Dein Leben zeigt dir wie feinstofflich, wie transformiert und aufgestiegen du schon bist. All die Unwägbarkeit gibt dir Hinweis: „Dies ist noch zum Erlösen, dies ist noch nicht mit den Augen der Liebe, der Erkenntnis gesegnet. Was darf ich erkennen?" Frage dich immer: „Warum geschieht dies gerade mir in meinem Leben?" Die Kraft der Liebe, der Barmherzigkeit, das Mitgefühl, dein inneres Schauen, wertfrei, werden dir die Antworten schenken.

Fürchte dich nicht vor deiner Kraft, vor deiner Liebe, deinem wahren Licht, welches du bist. Noch viele Botschaften, bis wir uns wieder sehen, werden wir über Luah`ya, Eno'ah, Lanah`ma und Dorahn weitergeben – auch über dich selbst, Om Tat Sat. Denn du bist nichts anderes als wir. Der Weg ist freigegeben. So segne ich dich mit dem höchsten Lichte, welches im Jetzt-Zeitpunkt für dich angemessen und dir dienlich ist. Lass deine Tränen der Freude, auch der Wehmut aus dir strömen. Wenn dein Verstand dich begrenzt und dir sagt: „So weit ist der Weg, so beschwerlich ist dieses Leben." Dies entspringt nicht deinem wahren Sein. Verbinde und erinnere dich in der Kraft des Gebetes. Mit dem Sprechen aus deinem Herzen bist du verbunden mit unseren Ebenen, mit der Kraft der Wirklichkeit, in welcher du verankert bist, Meisterin, Meister der neuen, goldenen Zeit.

> Ich bin ein dich liebender, treuer Freund,
> Adama, Führer von Telos mit dir vereint.
> So ist es, So ham.

In deinem Anders-Sein liegt deine Stärke
Freude am kreativen Experimentieren

Adama

Dies wird übermittelt von Adama, dem lemurianischen Führer der weisen Seelen, welcher die erleuchtete Gesellschaft voran führt und sie begleitet, dir Unterstützung schenkt aus Telos, der Lichtstadt im Inneren der Erde.
So mache es dir bequem, beginne dich einstimmen, mit deiner Ich-Bin-Gegenwart dich nun vereinen, indem du tiefer atmest und deine Absicht nun erklärst – dies sprichst oder denkst, auch fühlst mit deinem Herzen. All dies ist die neue Kraft, welche in dein Bewusstsein, in dein Leben wieder integriert werden möchte, Lichtkind der neuen Zeit.
Ich bin Adama, heute für dich bereit. Besinne dich, spüre in dich hinein, erinnere dich an dein Anders-Sein. Denn in vielen Situationen in deinem Erdenleben hast du immer schon anders gedacht, gehandelt und unbewusst diesem Gespür in deinem Leben Ausdruck gegeben. Hast dich nie wirklich im Gemeinschaftsleben integriert gefühlt, in vielen selbstverständlichen Bereichen des Kollektivs einsam und unverstanden gefühlt. Du erkennst die Manipulationen durch die täglichen Medien und hast dich von ihnen distanziert. Lebst eigentlich schon immer in deiner dir eigenen Welt.
Vielleicht findest du dich auch in dem ein oder anderen dieser Beispiele wieder: Du gehst immer in großer Sorgfalt, in großer Achtsamkeit mit den Dingen, welche man

dir anvertraut, welche in deinem Wohnbereich, deinem Lebensraum dich umgeben, um. Hast nie zerstört, immer wieder heil und ganz gemacht. Auch kannst du dich oft nicht von unterschiedlichen Utensilien in deinem Leben trennen. Spürst die Lebendigkeit in den Dingen, die schwingenden Ebenen an Energie, welche durch jedes Menschenwesen sowie durch jedes erschaffene Material zirkulieren.

All dies zeugt von deiner Herkunft, deinen lemurianischen Wurzeln. In deinem Besonders-Sein liegt deine Heilkraft, welche nun wieder in aller Kraft, all der Gänze aufsteigt aus all deinen Körpern, deinen Bewusstseinsebenen in dir. Denn immer mehr klären sich deine Chakren und deine Lichtkörper. Wie von selbst eröffnet sich das goldene Bewusstseins-Tor, damit all die Information, all dein Gewahr-Sein, dein inneres Gespür dich in Weisheit wieder durchströmt. Ich liebe dich und freue mich mit dir, geliebter Bruder, geliebte Schwester, nun wieder vereint.

So blicke umher in deinem Lebensraum. Mit welchen Farben und Formen bist du vereint, bist du umgeben? Was bereitet dir Behaglichkeit und ein Wohlgefühl? Ist Leichtigkeit der Ausdruck deines Lebensraumes oder sind eher dunkle Töne, Kargheit oder übertriebene Reinheit wahrzunehmen? Längst schon weißt du: Dein Lebensraum, deine Oase schenkt dir Wohlergehen, lädt dich auf mit der Kraft der Farben, der runden Geometrie – all dies ist Lemuria, harmonisch und ansehnlich. Dies lässt deine Augen leuchten, dein Herz vibrieren, damit die Unterstützung, all das Wohlergehen für deinen Erdenkörper, dein Durchlichten in den vielfältigen

Situationen dir leicht gelingt, Om Tat Sat.
So darf ich noch näher jetzt mit dir verbunden sein. Denn dicke Mauern aus deinem Unterbewusstsein – die alte Angst nicht spüren, nicht gut genug, nicht perfekt genug die Botschaften vernehmen können – all diese unsichtbaren Energiekristalle beginnen sanft sich auflösen mit jedem Wort, welches du liest, welches in dich hineinströmt, dich übergießt mit der Liebe, der Anerkennung, der Herzenswärme von Daheim. Es wird sich all dies nun ordnen in deinem Seelenkleid, in deiner Lichtstruktur, in deinen Chakren.
Du beginnst all die Bedeutsamkeit der Heilkraft des Wassers, der Düfte und der Öle, der Kräuterheilkunde, der Mineralien, welche für deine Regeneration, den Neubeginn unerlässlich sind, immer mehr wieder spüren. Wirst in diese sanfte Schwingung, diese lichten Töne, diese Einflussnahme, welche von all dem ausgeht, wieder eingeführt. Kannst mit neuem Bewusstsein über deine Hände jede Blume, jeden Baum, jedes Blatt, jedes Getier, alles um dich herum neu wahrnehmen. Kannst die Worte, welche unausgesprochen, wieder verstehen über dein Herz, über die Wahrnehmung deiner höheren Ebenen. Bist verbunden mit Allem-was-ist. Denn du erschaffst es, mit deinem dir „bewusst sein".
So geschieht momentan Reinigung an dir, an deinen Lichtkörpern, denn du bist mit vielen Seelenanteilen mit mir, deinem Bruder, deinem lichten Freund nun verbunden. Damit die Ausgeglichenheit all die Disharmonien in dir wieder transformiert – zum höchsten Wohle von allem und für dein eigenes Wohlergehen. Denn all die Wunder werden geschehen, egal was momentan in dei-

nem Leben ist.

Atme die heilende Kraft, atme über jeden Buchstaben, atme jetzt die Verbundenheit, in der Zeit, in welcher wir uns begegnen, in dich hinein. Indem du deine Bestandsaufnahme hast gemacht, bereit bist vieles loslassen in deinem neuen Leben, dir mehr Raum, Aufmerksamkeit und Hinwendung nun geben, hast du deine Transformation eingeleitet. Spüre in dich hinein, nimm wahr die alten Strukturen, welche du solange aufrechterhalten.

Wenn du eine Mahlzeit zelebrierst, so beginne von nun an verschiedene Formen an Tellern, an Tassen, an Gläsern und Utensilien – an jedem Tag neu – ausprobieren. Welche Form, welche Dekoration tut mir heute einfach gut, inspiriert mich? Welche Farben leuchten mir entgegen, berühren mein Herz, mein Unterbewusstsein? Beginne von nun an immer anders deine Mahlzeit, deinen Tag feierlich begehen.

Spüre in dich hinein, mit welchen Stoffen – in Farbe und Dichte – du dich täglich immer wieder neu umgeben möchtest, dich kleidest. Denn du gehst immer mehr, immer mehr in das Lichte, vom dichten Körper in die Feinstofflichkeit. Vieles, was dir einmal tauglich war – bequem, praktisch, angemessen in der alten Zeit – spürst du immer besser, dies mag dein Erdenkleid nicht mehr. Dein physischer weiblicher oder männlicher Körper möchte sanfte Stoffe, Zartheit, umschmeichelt sein mit schönen Farben, welche in ihrer Strahlkraft in dich hinein fließen, dich unterstützen, damit du wie von selbst regenerierst. Experimentiere kreativ mit Neuem, um deinen Körper kleiden und schmücken. Werde dein eigenes

Kunstwerk, das wie das Strahlen der Sonne dich und Menschen in deiner Umgebung erlichtet. Setze deiner Kreativität keine Grenzen.
Auch möchten wir den Männern ins Bewusstsein legen sich wieder mehr spüren. Uniformiert, praktisch und einengend ist meist der Tragekomfort ihrer kollektiven Kleidung. Zeitgemäß kariert oder in Streifen mit Hosenträgern und Gürtel versehen, in Anzügen und verwirrenden T-Shirt-Designs, in häufig einfallslosen grauen oder blauen Farben. Die Zierde ihres Körpers ist mittlerweile in vielen Fällen ein Tattoo, das mitunter nicht immer erhebende Symbole auf den göttlichen Körper zeichnet, um das Edle veredeln. Spüre, wie es ist leichte farbenfreudige und lockere Kleidung wieder am Körper erfahren, fließend und neu im Design. So rufen wir dir zu: Kombiniere und kreiere, damit die männlichen Lebensformen wieder leichter und schwingender werden. Lady Gaia und wir helfen dir dabei wieder in eine eigene Lebensform dich einfühlen, die Neues für dich als Mann und unsere Erde bereithält. So ist es.
Du wirst erleben wie viel Freude das Experimentieren in deinem Leben dir bereitet – nicht nur den Tisch schön dekorieren, sondern auch dein Umfeld. Verschiedene Utensilien hinzufügen und ausprobieren, dich kreativ und intuitiv führen lassen. Dann wird die Abwechslung, das Neue auch in deinem Leben sichtbar. Dies ist von großer Bedeutung – Flexibilität dir erlauben und ausprobieren.
Lade auch dein Wasser mit Symbolen und Kristallen, welche wir dir senden und welche aus deinen inneren Ebenen aufsteigen, auf. Frage nach, spüre in dich, wel-

che Bedeutung trägt dieser Kristall, dieses Lichtsymbol, welche Kraft ist mit ihm verbunden, Om Tat Sat. Damit in aller Sanftheit die Mineralwesen für deine höchste Wohlbefindlichkeit dir dienlich sind mit jedem Schluck Wasser, welchen du tust. Wende dich bewusst hin und sage: „Ich danke euch, ich danke dir für diese Reinigung, für dieses Aufladen in meinen physischen Körper hinein, damit alles ins Fließen kommt, beweglich wird in meinem Leben."

Auch aus der Kraft der Sonne kannst du schöpfen. Du brauchst diese nicht fürchten, in Acht dich nehmen. Verbinde dich mit ihr, sie schenkt dir Lebensenergie in Elexier. Spüre in dich, finde genau den Licht-Rhythmus und die Dauer der Lichteinstrahlung, welche dir hilfreich und dienlich ist.

Ich, Adama, bin mit dir. All der Schrecken, all die Angst wurde geboren auf der Erdoberfläche vor langer Zeit durch den Glauben und die Bewertung „Das ist gut, das ist schlecht für mich". Doch es ist wertfrei. In diese Kraft der Neutralität kehrst du wieder zurück, hebst alles auf an Energien, welche gedacht und gesprochen über Menschen, Tiere, Situationen und Dinge hier auf Erden, Om Tat Sat. Denn nichts schadet dir, je mehr deine Kraft, deine Bewusstheit, deine Herzensliebe sich wieder in all deinen Körpern, auf allen Ebenen mit deiner göttlichen Essenz verbindet.

So viele natürliche, heilende Kraft steht dir in Verfügung aus dem Pflanzenreich, dieser Kraft von Lady Gaia. Doch deine Haltung, dein im Sein verweilen, ist die größte Kraft – es ist die Kraft der Stille. Damit erbaust und erschaffst du deinen Erdentempel, deinen physischen

Körper, all deine Erfahrungen, dein Wohlergehen. Dies ist Lemuria, genau dies ist Erleuchtung. So entsteht ein Leben in neuen Dimensionen. Diese Wahrheit solltest du in dir aufnehmen, Om Tat Sat, Meisterin, Meister der neuen Zeit.
Und so lass diese Information nun wirksam sein, lass dies zirkulieren in dich hinein, wertfrei mit aller Offenheit.

> Ich bin Adama mit dir vereint,
> so ist es, So ham.

Mitte und Gleichgewicht wieder finden
Lemuria erwacht in dir

Kryon
Saint Germain
Lady Portia

Sei begrüßt göttlicher Mensch, geliebtes Menschenkind. Ich, Kryon vom magnetischen Dienst, bin heute bei dir. Denn der Zeitpunkt ist gekommen, dich wieder erinnern an dein Leben vor langer Zeit im goldenen Land Lemuria. Um dir deine Mitte, dein Gleichgewicht in Erinnerung wieder bringen. Dich wieder fühlen lassen, ganz tief in dir – in deinem Herzen, in deinem Verstand, in all deinen Körpern, in deinem Menschengewand – deine Ursprungsfrequenz, deine Wurzeln, welche du zurückgelassen, vergessen in Lemuria. Das göttliche Leben hast du gelebt, befreit vom menschlichen Tod, befreit von menschlicher Dualität, von all der Trägheit und den Disharmonien. Du warst im Einklang mit all den Naturgesetzten, mit deiner Heilkraft wohl vertraut. Lemuria, das goldene Land. In allen Herzen erstrahlt dieses lichte Band immer mehr, immer mehr, Stück um Stück. Diese kraftvolle Verbindung lässt all das Dagewesene aus deinem alten Leben in den Hintergrund nun treten. Denn nichts ist mehr so, wie es einmal war. Wir sind mittendrin in einem Zeitalter des Erwachens. Evolution geschieht wie nie zuvor.
Auch wir aus den geistigen Ebenen, aus dem Lichte der Engel unterliegen großen Verwandlungen – denn wie oben so unten. Nichts kann geschehen oder neu entste-

hen in Trennung, geliebtes Menschenkind.
Und so fließen magnetische kryonische Licht-Liebeswellen in dein elektro-magnetisches Feld hinein, in deine physischen Zellen, in deine Chakren, in all deine Lichtkörper und Seelenanteile. Damit all dein Wohlgefühl, deine Ausgeglichenheit, deine Offenheit, die Worte aus deinem Munde in höchster Lebendigkeit, in höchster wahrhafter Lichtfrequenz dir wieder aufsteigen und entspringen. Wie eine sprudelnde Quelle du wieder lebendig und wahrhaft deine Göttlichkeit lebst.
Atme über deine geöffneten Lippen in dich hinein. Denn gemeinsam sind wir heute für dich vereint, werden die Vorbereitungen nun treffen, damit dein Seelenkleid, dein Lichtfeld in den höheren Dimensionen sich weiter nun ausdehnt, sich aktiviert – in all der Schönheit, der Transparenz deiner ursprünglichen Feinstofflichkeit, göttlicher Mensch. So lass geschehen, kannst es nicht ermessen mit deinem Denken. Gib dich hin in unsere liebende Anwesenheit, damit du hinein spürst, deine Erinnerung an das Licht Lemurias, deine Heimat in dir wieder aufsteigt.
Die Strahlen der Engel sind im Glanze des Regenbogens jetzt mit dir vereint. Sie fließen in dein Sternenkleid, deinen kosmischen Lichtkörper mit jedem Atemzug tief in dich hinein. Sie beginnen alles lockern, alles herauslösen – all die Hart-näckigkeit, den Widerstand in deinem Unterbewusstsein, deine Glaubenssätze immer noch nach dem alten Prinzip handeln zu müssen, in der leidgeprüften Energie der alten Welt.
Atme höchste Transformations-Energie, violette, irisierende Strahlen im silberfarbigen göttlichen Schein

in dich hinein. Denn Meister Saint Germain mit seiner Zwillingsflamme Lady Portia vereint möchten dich heute gemeinsam geleiten in deine höhere Lichtebene, deine Wahrnehmungskraft, deine Feinfühligkeit. All die Verhinderung, all das Karmische, welche aus alter, alter Zeit dich noch gefangen hält, löst sich auf in Natürlichkeit. All die Vorbehalte, welche aus dem Kollektiv der Gesellschaft in dich fließen, all die Prägungen, welchen du noch unterliegst, möchten wir heute gemeinsam vereint als Meisterpaar mit dir entbinden und befreien.
Wir sind bei dir, ganz nah mit all der Engelsschar vereint. Unsere Strahlen, unsere Aufmerksamkeit und tiefe Liebe strömt in dich hinein, in deine Lichtkristalle. Damit deine Merkaba im goldenen Sonnenschein erstrahlt, dein dichter Körper sich verwandelt in Leichtigkeit in dein Lichtbewusstsein, deinen Lichtkörper.
Du lebst in dieser goldenen Zeit mit all ihren Neuerungen, doch niemals sind die Samen Lemurias, Atlantis aus deinem Herzen, aus deinem Beckenboden, deinem Verstand herauslösbar. All dies steigt wieder auf, denn du bist befreit, immer mehr, von all dem Leid, von all der Begrenztheit. Du spürst die Kraft, welche erblüht über deine Worte – dein neues Denken, dein neues Herangehen, Umgehen mit dir selbst, den Menschenwesen, dem Tierreich. Die Liebe mit Lady Gaia, deiner Mutter Erde, erwacht präsent in all deinen Körpern, auf all deinen Ebenen. Du spürst, nichts ist mehr getrennt. Gehst nach Hause, wieder in die Einheit, in die Verbundenheit mit Allem-was-ist. In jedem Baum, in jedem Strauch, in jedem Wesen, in allem was dich umgibt, bist auch du vereint. Diese Liebe erwacht wieder, zirkuliert durch all

deine Körper, durch deine Chakren, jetzt in all deinen Ebenen.

Atme in deinem Rhythmus, in deinem Wohlgefühl in dich hinein. Denn nichts kann dir geschehen. Du wirst nicht mehr verurteilt, wenn du in deinem Leben neue Wege nun gehst. Kannst dich wieder zeigen, dich selbst und mit deinem Herzenspartner in all der Freizügigkeit, all den Liebesbezeugungen der natürlichen Nacktheit, der göttlichen Liebe, welche seit Anbeginn der Zeit zirkuliert zwischen Shiva und Shakti vereint, wieder bewegen. All dies ist eingebettet in deiner Ursprungsfrequenz, ist für dein neues Leben ein goldenes Portal, in welches wir dich heute gemeinsam erheben. In all der Fürsorglichkeit, all der göttlichen Liebe, dem Elexier der Wirklichkeit. Damit all dein Suchen, dein Streben sich beendet und du dich wieder dem göttlichen Leben als erwachsender Mensch, als göttlicher Mensch, als ein Kind von Gott Vater und Gott Mutter öffnen kannst. Du bist wieder Eins mit Allem-was-ist.

Dies werden wir heute mit unserer Präsenz in dir verbinden, in deinen kosmischen Lichtgewändern verankern, göttlicher Mensch – als Lady Portia vereint mit Saint Germain. Denn du wirst dich weiter ausdehnen, wirst als universeller Mensch neugeboren in diesem Leben. Lass deinen Atem einfach strömen. Atme in dein Herzzentrum, damit unsere Lichtpräsenz, unsere Anwesenheit dich berührt und du deine eigene Essenz, deine Erinnerung wieder spürst – die Schönheit, die Bilder wie von selbst in dir aufsteigen. Die grünen Wälder, die blauen Seen, am Himmelszelt das goldene Licht, welches alles erhellt, das Funkeln der machtvollen lemurischen

und atlantischen Meister-Kristalle. All die Geschenke von Gott Vater, Gott Mutter, den höchsten Schöpferwesen, welche uns dies gegeben. Wir haben uns einst gemeinsam abgetrennt und nun erinnern wir uns wieder zurück, wer wir sind – Meister und Meisterinnen, hohes Licht im menschlichen Kleid. Waren maskiert bis zur Unendlichkeit. All dies ist nun vorbei, ohne Druck, in deinem Rhythmus, in deiner Zeit.
Du wirst nicht mehr Opfer und wirst nicht mehr Täter sein. Du wirst immer besser diese Rollenspiele, dieses Verhalten erkennen, wirst sie loslassen und transformieren. So wie die göttlichen Strahlen in dich hinein wieder fließen, dich aufladen, transformiert sich dein menschliches irdisches Begrenzt-Sein zur Gänze, Om Tat Sat.
Und so steigen, während du all diese Zeilen liest, innere Bilder nun auf, welche dich inspirieren. Welche dich wie von selbst in die Zeiten von damals, als wir gemeinsam im Lichte gedient, geleiten. Heilende Klänge hüllen dich ein, damit dein goldenes Herz im kristallinen Schein in all der Unabhängigkeit, der göttlichen Freiheit wieder existiert, wieder erstrahlt in all deine Körper, aus allen Ebenen aus dir. Göttlicher Mensch, geliebte Schwester, geliebter Bruder, diese Freude ist nun mit dir. Wir lassen unseren Segen in dich fließen. In deinen Beckenboden, in all deine machtvollen energetischen Zentren, damit wie oben so unten, du auf dem blauen Planeten, Lady Gaia wieder deine wahre Stellung, deinen Platz einnimmst. Denn wir sind bei all dem Geschehen liebevoll bei dir. Über die Medien – Eno`ah, Luah`ya, Dorahn, Lanah`ma – fließt das Licht Lemurias wieder vereint mit

dem Licht Atlantis, die Kraft der Meister, die Liebe der Engel in dich hinein.
Spüre diese Worte in deinem goldenen lichten Schein. Denn deine Herzenstüren sind nun weit geöffnet. Spüre die Durchlässigkeit an dir. Dein vorderes und hinteres Herzchakra ist nun verschmolzen, ist eins. Immer gereinigter, immer lichtvoller erstrahlst du wieder im Hier und Jetzt in deinem Leben, dem ewigen göttlichen Sein. Das Rad der Wiedergeburt ist beendet. Nicht nur für dich allein, mit all den Menschen und Wesen, mit welchen du in Berührung kommst, deinen Segen, deine Anwesenheit schenkst. All diesen sind die Energietore weit geöffnet, damit die Wunder, die Wahrheit ihrer Seelen in all der Klarheit sich wieder auftut.
Als Meisterpaar sagen wir unseren Dank für deine Hingabe, deine Offenheit. Sind mit dir vereint. Ich bin Meister Saint Germain mit Lady Portia – So ist es, So ham.
Und so darf ich dich sanft in deinem Erdenkleid nun einbetten. Erlaube dir all die Ruhe und Gelassenheit. Alles kann, nichts muss. Du bist einzigartig, mit nichts vergleichbar. Erinnere dich gut daran – deine Individualität, all die Freude und Lebendigkeit, deine Weisheit, deine Heilkraft, deine Intuition wieder aufleben lassen. Damit du als göttlicher Sohn, als göttliche Tochter wieder wirksam wirst sein. Denn du bist nichts Geringeres als wir, göttliche Liebe in einem menschlichen Kleid.
Wir führen dich über die Medien nach Hause in deine Ursprungskraft, deine Ursprungsenergie wieder hinein. Freue dich und jubiliere, spüre dieses Strahlen in dir, diesen tiefen, heilenden Frieden. Diese Kraft, welche

dich durchströmt, nun in dir zirkuliert mit jedem Wort, welches wir an dich senden, Om Tat Sat. Um dir Gleichgewicht, Ausgeglichenheit und Lebensfreude denn schenken. So bist du eingehüllt im kupferfarbenen hochfrequenten magnetischen Licht von Kryon und seinem Helferteam. Wir sagen An`anasha, in bedingungsloser Liebe vereint jetzt und hier.

So ist es, So ham.

Befreiung von Dualität und Unnatürlichkeit
Aktivierung der Lichtportale

Licht der Engel
Kryon
Die weiße Schwestern- und Bruderschaft

Sei begrüßt, sei willkommen im Lichte der Wirklichkeit. Mit all der Behutsamkeit, all der Achtsamkeit sind wir gekommen, um dir Anleitung, Führung und Unterstützung nun bringen. Damit sich die höchste Schwingung auf dem blauen Planeten, auf welchem du dich bewegst, mit dir gemeinsam nun vollendet, sich einstellt.
Du hast vieles erlebt und bewegt. Nun ist der Zeitpunkt gekommen – die magische Zeitenwende ist überschritten. Scheinbar ein Jahr wie alle anderen – apokalyptische Vorhersehungen sind nicht eingetreten und der Maya-Kalender setzt seinen Zyklus weitere siebentausend Jahre fort. Viel Hoffen, viel Sehnen war damit verbunden. Doch du und alle Menschen erkennen „Selbst ist die Meisterin, selbst ist der Meister, um alle Hürden hier auf Erden nehmen". All die unerlösten Themen, all die Ängste, welche du trägst, zeigen sich dir in deinem Leben. Dahinter verbergen sich deine unerlösten, dualistischen Themen, welche einmal das Kollektiv und du selbst erschaffen haben – über deine Gedanken, deine Worte, dein dualistisches Handeln, göttlicher Mensch.
All diesen Ballast kannst du nicht mitnehmen in der neuen Energieebene hier auf Erden. Dein physischer Körper zeigt dir ganz genau diesen Morast, dieses Uner-

löste. Heute möchten wir dir die Angst, die Befürchtungen vor all den Szenarien, welche vielfältig hier auf die Erde strömen aus vielerlei Kanälen, nehmen. Wir sind gekommen, um dir sagen: Du Brauchst dich nicht grämen. Du erschaffst mit deinen Schwestern und Brüdern hier auf Erden, dem blauen Planeten, über die Wiederannahme deiner geistigen Kraft all das Gute, all das Schöne. Trägst die Funken des ewigen Lebens in deinen inneren Ebenen. Bist aufgerufen dem vertrauen – deinen Gefühlen, der Wahrheit deiner Seele, dem hohen Selbst aus deinen eigenen ätherischen Ebenen. Du bist bereit dich wieder ganz verschmelzen, dich anvertrauen, dich vereinen mit all deinen Körpern auf all deinen Ebenen. Damit die Kraft des ewigen Lebens, Lemuria mit Atlantis wieder sich verwebt in all der Glorie, all dem Frieden, dem göttlichen Leben, Om Tat Sat – Lichtkind. Es erstrahlt aus deinen inneren Ebenen.

Immer mehr, immer mehr wird dein Verstandesbewusstsein, worüber du dich solange definiert hast, natürlich sich erlösen. Du bist bereit deine wahre Identität als Engel auf Erden, als geistiges Wesen, als Meisterin, als Meister, wieder annehmen. Dieses Pradna, diese Kraft erscheint in deinem Leben. Der goldene Schlüssel dafür ist deine Herzensliebe, um dich von allem lösen – von aller Manipulation der Materie. Durch diesen dunklen Tunnel wirst du hindurch gehen, wirst alles frei geben. Damit alles aus der Wirklichkeit in dein Leben gelangt – all die Fülle, all der Wohlstand. Denn dieses erkennst und spürst du wieder mit deinen höchsten ätherischen Ebenen hier auf Erden vereint.

Hast dann losgelassen von all dem Dichten, all dem

Schweren „Ich muss, ich brauche..., um glücklich denn sein." Dies ist der Weg des Meisters, der Meisterin.

Du spürst, es ist die Wahrheit, welche dich beseelt, sich hier auf Erden wieder mit dir vermählt. Damit du dich wahrlich freuen kannst über so viel Gutes, so viel Schönes, so viel Fülle und Wohlstand, welche Gottvater, Gottmutter hier für uns bereitet.
Denn so war es gewesen in vielen Äonen des Lebens vor langer, langer Zeit – als du wirksam warst mit deinen Lichtschwestern, Lichtbrüdern auf Erden zum höchsten Wohle von Allem-was-ist vereint. Als du noch in dir getragen die Schöpferkraft, die Ursprungsenergie, welche alles erschafft. Hast mit Liebe und Hingabe allem gedient in Leichtigkeit.
All die Illusion, all die große Konsumbereitschaft ist ein Ersatz in deinem heutigen Leben. Doch du hast „Ja" gesagt erwachen, erwachen, erwachen und auferstehen in diesem Leben, in deinem wunderbaren weiblichen oder männlichen Erdenkleid. So viel Leere und Manipulation ist in den Menschenherzen, ist in deiner Seele, in deinem Erdenkleid. Doch freue dich: Je mehr wir gemeinsam den Weg des Erwachens und Auferstehens miteinander gehen, wird diese Kraft in dir, dieses Spüren, dieses Sehen wieder befreit. Denn all die Strukturen, welche du erlernt mit viel Hingabe, mit oftmals Verbissenheit, bringen dich nicht in die Erlösung, in den tiefen Frieden, in das Angebunden-Sein der neuen Daseinsebene.
Du bist auf Erden hier ein Weltenbauer jetzt und hier. Wirst alles verwandeln, welches sich entfernt hat

von aller Ursprünglichkeit. Wirst mit Mensch und Tier das ewige Leben zelebrieren. Vertraue uns und vertraue dir.

All diese lichten Menschen werden sich finden auf Erden hier. Die Seelenfamilien, welche diese Wahrheit in sich spüren, sich erheben. Damit Transformation geschieht, Stück um Stück, immer mehr, immer mehr. Wirst erlangen über die Kraft des Geistes, all die magischen Fähigkeiten, welche auch für dich bereit stehen aus allen Ebenen und Universen. Über den Kristall-Schamanismus, die Regenbogen-Medizin der neuen Zeit. Mit höchstem kristallinem Licht verwoben, mit all der Heilkraft von vielen Kulturen, welche voraus gegangen sind, diesen Weg geebnet haben, damit das ewige Leben sich vollendet, der neue Zyklus auf dem blauen Planeten sich einschwingt. Dein physischer Körper transmutiert, denn so soll es geschehen – für immer jung. Dies ist die Wahrheit, dies ist die höchste Möglichkeit, verbunden mit Gott, unserer Essenz und deinem Traumkörper.

So möchten wir dir sagen: Atme in deinem Gespür all die Worte in dich hinein. Damit sich die Lichtportale aktivieren, damit in deinem Unterbewusstsein du unsere Geborgenheit, dein Begleitet-, dein Eingehüllt-Sein in deinem Erdenkörper leicht wieder spürst. Damit du in deinem Herzen weißt, dies ist die Wahrheit. Denn alle Ebenen auf Erden hier werden im höchsten Lichte erstrahlen über dich und deine Herzensgüte, mit welcher du wirksam bist überall da, wo du anwesend bist, dich einbringst für Mensch und Tier, für das Königreich der Naturwesen.

Alles ist so einfach, strebt hin zum göttlichen Leben, genauso wie in alter, alter Zeit, genauso wie es existiert in Parallelebenen. Du hast wieder Verbundenheit mit diesen Lichtebenen, denn du verwandelst dich, erhöhst deine Lichtfrequenz immer mehr, immer mehr – es geschieht über das Licht der Liebe, über Elexier, Elexier, Elexier der Wirklichkeit.

All deine Gefühle, deine Emotionen, welche entstanden sind aus Programmen aus deinem Erdenleben hier, sind verknüpft in deinem Zellgedächtnis, deinem Seelenkleid. Doch immer mehr, immer mehr erwacht deine wahre Identität, dein wahres göttliches Sein hier auf Erden mit dir. Wort um Wort. Kannst es mit deinem Verstand nicht ermessen. Ist aufgeladen mit vielen Essenzen des Herzens. Gemeinsam mit dir entsteht vom Grund der Wahrheit deiner Seele das neue Leben auf Erden hier – ohne Szenarien. Denn du weißt, du bist kosmisches Licht, Ana, ein Engel auf Erden in einem menschlichen Kleid.

Genieße in Maßen all die Früchte, die dir das Erdenleben schenkt. Gehe in Wertschätzung und Achtsamkeit damit um. Prüfe, was dir gut tut und spüre mehr und mehr, was dir nicht gut tut.

Dabei wird deine Bewusstheit, dein Durchflutet-Sein von den göttlichen Flammen immer tiefer und vollendeter. Wandelst als aufgestiegener Meister, als aufgestiegene Meisterin in Liebe auf dem Weg deines Herzens. Bist befreit von all der Illusion, der Dualität, all der Unnatürlichkeit. Wirst umprogrammiert – im Rhythmus deiner Zeit. Damit in Leichtigkeit, in all dem Mut, der Ausdauer sich wieder alles, alles vereint in dir und im

Kollektiv deiner Schwestern und Brüder, welche ebenso nach Hause gehen mit dir in ein neues Leben auf Erden vereint. In die Wiederannahme ihres alten Wissens, sich bewusst sein um ihre geistige Kraft ihrer Unsterblichkeit. Denn so wird es geschehen, so ist es seit Anbeginn der Zeit richtig, ist es vorgesehen, so ist es, So ham.

Dein Himmelreich auf Erden. Du erkennst all die Schlüssel der Symbole, des Energiefeldes von Symptomen, Disharmonien und Tendenzen über Worte, über Körperhaltung und Bewegung, über Farben und Töne – über jeden Moment, welcher um dich herum geschieht – all dies gibt dir Hinweis. Es sind Botschaften aus dem himmlischen Licht, den ätherischen Ebenen. Sie formen sich in deinem Unterbewusstsein, in deinem Verstand. Fürchte dich nicht.

Es ist so viel einfacher und so hoch wirksam. Alle Menschen, welche diesen Weg wieder annehmen, ihre Göttlichkeit wieder leben im höchsten himmlischen Licht, werden sich erinnern an die Anfänge hier auf Erden. Als all die Schöpfermächte sich hier eingefunden, um erschaffen den blauen Planeten, Lady Gaia. Als Jesus der Christ auferstanden, sein physischer Körper wieder belebt worden ist. Das Licht der Essener, ja, es durchströmt dich nun.

Die Zeit kehrt wieder, die Zeit kehrt wieder, die Zeit kehrt wieder – Geliebte, Geliebter, erinnere dich. Die Meisterpaare hier auf Erden finden sich, werden sich vereinen, um neu gebären das himmlische Licht hier auf Erden. Die Wahrheit der Seelen verbindet sich. Diese goldenen Menschen werden bis in Ewigkeit existieren, ihren Erdenkörper ganz transformieren, ihn durchlichten, all das ernten, für welches sie, für welches du hierher gekommen bist.

„Ich werde da sein, wenn alles versinkt. Ich werde da sein, wenn nichts mehr dir Hoffnung bringt. Ich werde da sein. Ich bin da." Als Erhalterin des Lebens, des neuen ewigen Bundes, welchen Gott Vater und Gott Mutter uns haben gegeben. Die Worte der Liebe erschallen wieder auf allen Plätzen in leuchtend goldenen ätherischen Hallen, göttlicher Mensch, geliebte Schwester, geliebter Bruder. Ich spüre und sehe die Freudentränen, wie sie aus deinen Augen quellen. Quelle des Lebens, welche dich wieder durchströmt in all deinen Chakren, all deinen Körpern, all deinen Lichtebenen. Und so lass freudig an den Händen uns nehmen. Mit strahlenden Augen alle Menschen und Wesen berühren, welche sich dieses Lichtes berauben ließen – noch abgetrennt in Dunkelheit. Gemeinsam lass uns wirksam sein in dieser neuen heiligen Zeit.

Wir werden uns erkennen, werden uns erinnern. Denn die Zeit dafür ist nun bereit. So möchte ich dir all die Wertschätzung, mein An`anasha, meinen Dank jetzt und hier für dich sprechen. Bin mit dir verbunden in Elexier, bedingungsloser Liebe. Wir sind vereint und diese Wahrheit gelangt immer mehr, immer mehr in dein Bewusstsein, damit die Angst vor all der Umwandlung, welche geschieht, all der Transformation dich nicht mehr ängstigt, dich abtrennt. Damit du Lichtbringer wieder bist, genau wie damals in alter Zeit – für Mut und Vertrauen, für den goldenen Weg des Herzens Lemurias, die gereinigte Kristallkraft der Liebe von Atlantis wieder einstehst. Die Kraft des ewigen Lebens, diese Weisheit, welche du in dir trägst, wieder annimmst. Om Tat Sat ich danke dir, ich liebe dich. Ich bin Christina Soraia Luah`ya, als deine Lichtschwester mit dir auf Erden hier, um unseren Dienst, unseren Platz wieder einnehmen. Sag: „Ja, ich erlaube es mir". So lass es dir gut ergehen, bist gesegnet jetzt und hier. So ist es.

Ich bin bei dir. An`anasha.

Erwachen aus der Illusion des Kollektivs
Es geschieht in der Kraft der Stille

Jesus Sananda
Die lemurianischen Schwestern und Brüder

Im Namen des Vaters, der Mutter, des Sohnes und des Heilenden Geistes – wie es war in aller Zeit.
Im Namen des Vaters, der Mutter, des Sohnes und des Heilenden Geistes – wie es war von Anbeginn der Zeit, wie es ist und bleibt bis in alle Ewigkeit.
In all dem Schutz und all der Liebe begrüßen wir euch, Jesus Sananda, der Sohn heute mit deinen lemurianischen Schwestern und Brüdern für dich bereit. Damit all dein Gespür für die Wahrheit, welche solange auf Erden hier geleugnet, unterdrückt, manipuliert und nicht zum Besten von allem war, wieder erwacht. Damit all deine Wahrnehmungskraft, deine Weisheit wiederkehrt, dein Dich-Öffnen mit dir geschieht, Om Tat Sat.
Ohne Szenarien, denn wir, die lemurianische Schwestern- und Bruderschaft, begleiten dich im höchsten Lichte der kosmischen Gegenwart von Jesus Sananda, der Christus-Energie. Damit eingehüllt in all diese Liebe, du diese Worte aufnimmst. Machtvolle Energiewellen strömen in deine Chakren, in deine Lichtkörper, in dein Verstandesbewusstsein, göttlicher Mensch. Damit die Wiederannahme deiner natürlichen Kraft sich vollendet in dieser goldenen Zeit, welche auf dem blauen Planeten erblüht, welche ist erwacht.
So lass deinen Atem einfach strömen, übergib dich nun in die Hände der Engel, in die Hände der leuchtenden

wahren Himmelsmacht. All die Verblendung hat ein Ende. Denn dieses Mal wird die Befreiung von den Schattenmenschen, welche solange die Erde in Dunkelheit gehalten, gelingen. Du weißt es und fühlst es genau, es gehörte mit zum Spiel der Dualität. Denn der Sinn ist aller Geschöpfe Hort, der guten Menschen Schatz, der nicht guten Menschen Zuflucht. So erhalten beide den Platz den sie wünschen. Die Einheit ist das große Geheimnis und das Geheimnis des noch tieferen Sinnes. Das ist die Pforte der Offenbarung aller Kräfte. Es ist das Wirken-Lassen der schöpferischen Kräfte im und durch das eigene Ich, ohne selbst etwas von außen her zu tun. Immer mehr wirst du den wahren Sinn dieser Worte, die Wahrheit deiner Seele darin erkennen. Daher, Om Tat Sat, prüfe genau, welche weisen Führer in deinem Leben sind. In Unabhängigkeit und Freiheit darfst du liebevoll Zusammenhänge erkennen auf dem Weg deines Herzens in die Wahrheit deiner Seele. Damit du den Weg nach Hause selbst entscheiden und spüren kannst – lichtgeschwind.

Wir sind heute gekommen, mit dir und euch vereint, damit der höchste Frieden und Ausgeglichenheit sich einstellt. All die Botschaften, welche du vernimmst – über Klimawandel, Hungersnöte, Wasserknappheit, Brennstoffe und Nahrungsmittel – sind bestimmt von Machtspielen. Wir schenken dir Vertrauen, damit dein Denken und Handeln von Liebe und Frieden getragen wieder wird.

Wir sind bei dir, um dir Mut und Beistand schenken. Denn auch du wirst deine Lichtkörper reinigen, sie erheben, um dich darin bewegen, genau wie unsere

Brüder und Schwestern die Maoris, die Aborigines, die Mayas und viele mehr, die dies taten. Mit den physischen Augen nicht mehr sichtbar, haben sie ihre Körper transformiert. Genau dies werdet auch ihr auf der neuen Erde sein. Diese Entwicklung in Mona`oha, in tiefstem Vertrauen, legen wir heute liebevoll in dein Herz, in dein Unterbewusstsein, in dein Basisfundament. Damit Zug um Zug, Stück um Stück diese heilende Wahrheit in dir zirkuliert. Du befreist dich von all den Fesseln aus dem Kollektiv, welche so eng bemessen sind. Du wirst dein Geburtsrecht auf Erden, das göttliche Licht, von dem du seit Anbeginn der Zeit gekommen bist, wieder verwirklichen, dies ausdrücken und zelebrieren. Diese Heilung, dieses Vertrauen, diese Gewissheit werden wir dir heute tief, tief auf allen Ebenen schenken. So wie du bereit bist dies nun annehmen, wie es für dich momentan richtig ist und vorgesehen ist, werden wir dich initiieren, dich einschwingen, Om Tat Sat. Mona`oha, traue uns und traue dir.

Du bist der Leuchtturm, du hast die Kraft dich entscheiden, wohin du deine Aufmerksamkeit lenken magst. Wir bitten dich, zentriere dich, gehe im Friedenslicht in allen Situationen, in denen Angst und Schrecken sich ausdehnen, die Brüder der Schatten Menschen benutzen, welche noch nicht geöffnet, welche in der dreidimensionalen Realitätsebene sich befinden. All das Überangebot an Konsum, an Ablenkung entspringt dem Samen der Dunkelheit, möchte dich gefangen nehmen. Denn in Wahrheit bist du eins mit allem. Du beziehst deine Nahrung, das kosmische Licht über Farben und Töne, brauchst wenig, um deinen physischen Körper lebendig, erlöst und geheilt auf Erden halten. Denn du bist wandelnder Geist, göttlicher Mensch, deine Heimat ist nicht von dieser Welt. Erkenne dich.

Doch natürlich braucht all die Wiederannahme deiner geistigen Kraft, deiner Bewusstheit Ausdehnung, Raum und Zeit. Das heißt: Mit Gleichgesinnten dich einfinden, welche dieses Leuchten in ihrem Herzen, diese Wahrheit unabhängig von dem alten System hier auf Erden leben, tut dir gut. Autark sein. Denn genau so wird es geschehen, ist es vom kosmischen Rat, von höchster Stelle im galaktischen Universum richtig und vorgesehen, Om Tat Sat.

In die Handlung gehen. Nicht mehr suchen. Warten – auf was? Du bist aufgerufen als Om Tat Sat in allen Ebenen spüren „Lebe ich die Wahrheit meiner Seele? Wo ist meine Angst verborgen? Worüber mache ich mir existenzielle Sorgen? Wo mache ich mir etwas vor? Habe ich Angst vor Liebe und Nähe? Habe ich Angst vor jeden neuen Tag?" All dies entspringt der alten Energiestruktur, ist Illusion. Denn genau diese Befürchtungen sollen dich halten, da wo du bist.

In all dem Schutz, all dem Geleit, mit all der Fürsorge der neuen Zeit sind wir heute mit dir vereint. Damit dein Aufstiegslicht, die Erwachungskraft dich berührt, dich umgibt, in all deine Körper, in dein Bewusstsein hinein zirkuliert. Fürchte dich nicht. Das Wichtigste ist, Om Tat Sat, göttlicher Mensch, deine Balance und dein Frieden. Lass dich nicht in die Weltuntergangsstimmung, in das immer weiter Angetriebene hineinziehen, was dich von dir ablenkt. Dein eigenes göttliches Sein, deine Reinheit und Wahrhaftigkeit tief, tief verankert im höchsten

Christusbewusstsein möchte aufsteigen, dich beleben, dich über die Szenarien erheben! Die Illusion ist nicht mehr deine Welt. Erkenne die Möglichkeiten, die diese Zeit der Wandlung und Erneuerung bietet.
Sag „Ja, ich bin bereit all die Menschen und Wesen auf Erden, welche diese Wege beschreiten, in Unabhängigkeit, ohne Angst, finden. Ich bin bereit mich dem Volk, dem Stamm, welchem ich angehöre, dem lemurianisch atlantischen Licht, mich ganz öffnen. Wie einst in alter, alter Zeit als Engelwesen, Einhörner, Tier und Mensch im höchsten Liebeslicht sich bewegten hier auf Erden."
Lass los dein Vorurteil, deinen Widerstand „Dies geht so einfach nicht". Denn es geht so einfach! Du wirst von all den Schatten der dichten Materie, den dichten Energien, welche dich umgeben, Stück um Stück im heilenden Geiste befreit. Fühle, die neuen Dimensionen sind neben dir. Du kannst sie ganz leicht öffnen. Die Dimensions-Portale sind alle weit geöffnet. Trete ein und staune, wie wunderbar das Leben auf Lady Gaia ist. Goldener Sternenstaub fällt leise und sanft, steigt herab und verwandelt dich, damit du dich wieder spürst, dich wieder findest in den lichten Bereichen des Quantengeistes – der du auch bist.
So darf ich dich an deinen Händen nun nehmen. Ich darf dir die Geborgenheit, all die Sicherheit in deine Lichtebenen nun verströmen, in dein kindliches, einfaches Gemüt, als Lady Maria, Mutter Maria. Ich lasse all die Liebe, die Geborgenheit hinüberfließen aus den Tempeln in Telos mit all den Schwestern und Brüdern nun vereint. Damit all der Druck in deinem Leben, all die Unausgeglichenheit, welche dich erbeben lässt, welche dich nicht

Fuß fassen lässt, abfließt in die Schalen der Engel. Befreie dich von deiner Angst, du könntest etwas Neues auf dem spirituellen menschlichen Markt verpassen. Geliebtes Kind, erkenne: Das Alte wird neu verpackt, um Lebenssinn hierher bringen von den Brüdern der Schatten. Wie oft wurdest du enttäuscht? Hast du dies schon erkannt? Indem du mit liebendem Herzen diesen Wesen, diesen Menschen Anerkennung und Danksagung schenkst, in ihre Herzen strömen lässt, wirst du entlassen aus diesen Strukturen. Du machst dich davon frei und erhebst dich in die höheren Daseinsebenen – ganz leicht und sanft. Erkenne – es ist so einfach! In Leichtigkeit Altes loslassen, damit der Frieden und die Fülle in dein Leben Einzug halten können. Mitten im täglichen Einerlei breitet sich Friedenslicht, Stille über dein Leben.

Diese Wahrheit, diese Seelenkraft lege ich dir zu Füßen. Verwehre dir diese Gnade nicht. Damit deine Herzensliebe für Alles-was-ist wieder im liebevollen Miteinander auf Erden verbunden ist. Denn für alles ist gesorgt. Alles ist da. Du trittst heraus aus diesem künstlichen Leben, welches solange in der Erdenschar wirksam war, du Meisterin, du Meister der göttlichen Kraft. Ich liebe dich. Bin immer da. Damit im Gleichgewicht von Licht und Dunkel, die goldene Pforte sich öffnet für dich. Nawa`elamah.

So freue dich, lass dein Vertrauen und deine Hingabe fließen. Dir liegt alle Unterstützung, alle Führung zu Füßen. Denn wir sind ganz nah. Es gibt reine Führer, die zum höchsten Wohle von Allem-was-ist auf die Erde gekommen sind. Damit nun das Licht den Platz wieder

einnehme, welcher ihm gebührt.
Die Schatten zerstören dich nicht. So ist transformiert all die Angst, all die Verschlossenheit. Damit dein Gespür, dein Wiedererkennen, wer du bist, sich in der Wahrheit deiner Seele wieder findet. Deine Offenheit zeigt dir den Weg, das Wieder-Finden deiner Seelenfamilie auf Erden, damit im lichten Kreis sich alles wieder vereint.
Stück um Stück übermitteln wir dir über Luah`ya, Eno`ah, Lanah`ma und Dorahn die Weisheit der Wandlung. Immer mehr, immer mehr. Doch es braucht auch ein Zeichen von dir. Du bist erwacht, bist erwach(s)en geworden, bist ein Gott-Mensch auf Erden hier. So lass es dir gut ergehen. Damit alles an dir wirken und geschehen kann. In liebender Umarmung, im Friedenslicht aus Telos, den heiligen Tempeln grüßen wir dich, so ist es, So ham.

In An`anasha, unseren Dank senden wir dir,
Tara'dos, die Fülle, und Runa, den Frieden,
wir sind Eins mit dir, So ham.

Aktivierung der Ich-bin-Gegenwart
Magische Tore öffnen sich

Jesus Sananda
El Morya
Maha Cohan
Konfuzius

Omar Ta Satt, sei begrüßt im Christuslicht, in der Zentriertheit von Sananda, Jesus dem Christ. Die Unterscheidung in meinem Namen spricht dein kosmisches Feld, dein galaktisches Feld an. Damit sich alles stimuliert und neu einschwingen kann, welches für dich über all die Worte, die du nun aufnimmst, bereit steht. Damit die hohe Lichtenergie dich berührt und sich mit dir verbindet.
Göttlicher Mensch, geliebte Schwester, geliebter Bruder, öffne dich nun sanft. Atme ganz bewusst einige Male tiefer in dich hinein, so wie es deinem Gespür, deiner Intuition entspricht.
Ich bin nun bei dir, um dich erinnern, dich spüren lassen: Du Bist nichts anderes als ich. Mit diesem Aufruf „Du Bist" wird deine Ich-Bin-Gegenwart aktiviert. Dabei strömt all die Herzensliebe, die Energie der göttlichen Strahlen in dich hinein. Ich übersetze dir, was bisher nicht zugänglich war für dein Verstandesbewusstsein, damit sich immer mehr, immer mehr – ohne Druck, in deinem Rhythmus, in deiner Zeit – all dein Verstehen mit der Kraft deines Herzens wieder vereint.
Lass deinen Atem nun strömen, öffne deine Lippen. All die An-spannung fließt nun aus deinem Erdenkörper

heraus, so wie es dir bewusst, dir gewahr nun ist. Ein neues Zeitalter hat begonnen. Du bist erwacht, bist bereit dich transformieren. Damit dein Aufstieg als göttliches Wesen, welches du selbst bist, wenn du ohne Körper in den feinstofflichen Ebenen dich aufhältst, sich eröffnet. Du beginnst dich neu orientieren und erkennen, welche tiefen Programme noch nicht erlöst und somit deiner Heimkunft im Wege noch stehen, dich blockieren.

Die Erdenmenschheit und insbesondere du, welche, welcher du die Worte nun aufnimmst, bist bereit alles abstreifen – die alten Kleider aus vielen, vielen Leben aus der Vergangenheit, in der Erfahrungsebene der Dualität. In tiefster Dunkelheit hast du dich bewegt. Du bist nun bereit mit jeder Faser deines Körpers, deines Verstandes und deiner ganzen Liebe die alte Weisheit, welche dir inne wohnt, wieder leben. Alles aktivieren, was du schon einmal getan, gelebt hast hier auf Erden, in Lemuria und Atlantis als die höchsten Schöpferenergien mit dir verbunden waren. Bist bereit das Unvorstellbare wieder annehmen – ohne Druck, in deinem Rhythmus, in deiner Zeit.

Wir unterstützen dich und euch bei all dem Freiwerden, dem Loslassen, damit eure Erdenkörper immer durchlässiger, immer transzendenter wieder werden. Du lernst die hohe Lichtschwingung, welche auf Mutter Erde, dem blauen Planeten, Einzug hält, aufnehmen, damit leben und dich erheben. Denn nichts mehr ist so, wie es einmal gewesen in deinem Leben.

Ich bin Sananda und spreche aus dem kosmischen Licht. Als Jesus der Christ umspanne ich das galaktische Feld bis hinab in deine irdische Welt, den irdischen Lichtkörper, hülle dich ein mit meinen Strahlen, mit meiner Anwesenheit. Der Herzensgruß Omar Ta Satt verankert in Escha'ta und Elexier fließt über dein Haupt, über dich sanft hinab – so ist es, So ham.

Die magischen Tore öffnen sich weit in dich hinein, du Meisterin, du Meister der neuen goldenen Zeit. In all deinem Gleichgewicht, deiner Ausgeglichenheit umarme ich dich, bin dir ganz nah. Als Meister, als El Morya, dein Lichtbruder, grüße ich dich. Die sanften Wellen des saphirblauen stärkenden Lichts fließen nun in dich. Mit jedem Atemzug, den du tust, verschmelze ich mit dir. Damit der göttliche Schutz auf deinem neuen Weg auf Erden hier all die Angst, all die Traumata – welche du erlebt, erfahren, aus freiem Willen dich hinein begeben – damit all dies aus deinem Sakralzentrum, deinem Beckenboden nun herausströmt, sanft mit mir sich transformiert. Denn die Liebe, der Beistand deiner Brüder und Schwestern der weißen Bruderschaft ist heute machtvoll bei dir.

So erlaube dir dich reinigen, dich neu ausbalancieren in deinen Zellen, in deinen Organen – es geschieht. Lass dich fallen. Die heilenden Strahlen zirkulieren in deinem Aufstiegskanal, welcher alle Lichtkörper umfasst. Alles, was dich blockiert, löst sich nun mit göttlicher Macht im saphirblauen göttlichen Strahl auf. Ich bin nun ganz mit dir, um deinen Mut, dein Urvertrauen wieder ausdehnen. Ich nehme dich an deinen Händen, stärke dich im liebenden Einklang und Einvernehmen.

Oftmals ist es nicht ganz leicht die göttlichen Ebenen in menschliche Wortschwingung hineinweben. Doch über deine Herzensliebe spürst du, bist du berührt mit der

Wahrheit, mit der Kraft, welche wir dir senden. Saphirblaue Wellen reinigen und entbinden dich mit all der Engelsmacht, den vielen helfenden Händen. Damit du noch weiter kannst freigeben all die Enge, all die Bedenken, all das Für und Wider, welches dich oftmals schwer und einsam macht, hilflos und trauernd. „Wie soll es werden, was wird geschehen mit meinem Leben."
Ich möchte dir sagen: All das Alte möchte sich auflösen bei dir und all den Menschen, welche haben „Ja" gesagt ihre Auferstehung, ihre Göttlichkeit wieder annehmen in all ihren Körpern, auf all ihren Ebenen – dies bedeutet Ruhe und Gelassenheit, nichts muss. Dies bedeutet dir gewahr werden: Wo bist du immer noch angespannt, handelst wie eine Marionette? Erkenne und fühle: Nur die Angst und Unsicherheit hält dich klein, hält dich gefangen im alten Rhythmus, im alten Schein. Du bist die Schöpferin, der Schöpfer – dies ist die Wahrheit. Atme in dich hinein, brauchst nicht wissen wie die Wunder geschehen. Wir sind heute mit dir vereint, um dir all die Bestärkung, all die Unterstützung geben, damit du weiter dich löst, weiter in dein unbegrenztes Sein dich hinein erhebst.
Ich verneige mich vor dir göttliches Kind. Es grüßt dich dein Freund El Morya – auf ewiglich, so ist es, So ham. In Mono'To be schreitest du voran. Nawa'ela mah.
Ich sage An`anasha als Christina Soraia Luah`ya an meine Brüder im Licht, Jesus Sananda und El Morya. Ich danke euch für diese Worte, diese Botschaften des Lichts, welche in unsere Herzen fließen tief hinein und all die Befreiung geschehen lassen – so ist es, So ham.
Damit du, göttlicher Mensch, geliebte Schwester, gelieb-

ter Bruder auf Erden, dich wieder ganz erinnerst, wer du bist und was deine Herzenserfüllung, auch dein innerer Auftrag denn ist. Damit du benennen kannst, wie es sich momentan für dich gut anfühlt – gemäß deinem Bewusstsein, gemäß deiner Erwachungsfrequenz, in welchem Stadium du gerade nun dich befindest.

Die Lichtwellen des Heiligen Geistes, welche dich nun sanft umgeben, dich durchströmen – in all deinen Chakren, auf Zellenebene, durch deine Haut hindurch – erheben nun alles, wie es für dich richtig und angemessen ist. Du wirst mit der Wahrheit deiner Seele, deinem eigenen höheren Licht, dem hohen Selbst deiner Ich-Bin-Gegenwart nun sanft vereint. Alles schwingt in Einklang. Damit Raum und Zeit, die Begrenzung in deinem Denken, in deinem Herzen erlischt, sich transformiert – ohne Druck, in deiner Zeit.

Die Kraft der Herzensliebe für Alles-was-ist – auch für all die Situationen, welche unliebsam, lästig und angstvoll dir noch erscheinen – steigt in dir auf. Damit du erkennst: Es ist in deinem Leben, um dir Hinweis und Aufschluss nun geben. Denn der Weg des Meisters, der Weg zur Meisterin ist manchmal mühselig. Du begibst dich in all diese Situationen hinein mit all deiner Herzensliebe und Aufrichtigkeit – so wie es dir momentan möglich ist – und Stück um Stück darfst du erkennen. Alles setzt sich zusammen in deinem Verstehen und die Mosaiksteine des Lichts, welche dir vor vielen Zeiten scheinbar abhanden gekommen sind sowie deine eigenen Seelenanteile, integrieren sich wieder in dir.

„Selig sind die Armen im Geiste..." – auch dieser Hinweis von Jesus dem Christ schenkt uns Weisheit. Nicht denken und dann erst handeln. Einfach geben, dich hingeben, fühlen und handeln aus deinem Herzenslicht. Nicht abwägen, was bekomme ich, ist es nützlich, ist es ausgewogen. Diese Hingabe, dieser Dienst hier auf Erden mit deinen höheren Energiekörpern, mit der Wahrheit deiner Seele verwoben, diese Kraft fließt durch den heilenden Geist in dich. Er öffnet dir die Türen und die Tore, damit das hohe Licht, welches du ohne Körper auf der anderen Seite denn bist, sich hier manifestiert, sich vereint mit deinem männlichen oder weiblichen Erdenkleid. Damit alles erblüht auf dem blauen Planeten, so wie es richtig ist und vorgesehen. All die Szenarien, all die Kriege und Misshandlungen werden Stück um Stück sich auflösen. Damit die neue Erde, welche auf den ätherischen Ebenen schon geboren, göttlicher Mensch, über dich, über dein feinstoffliches Wesen, immer kristalliner, immer sichtbarer sich vereint auf Erden, im Licht der neuen Zeit.

Der Heilige Geist, der Maha Cohan, Schützer und Lenker der alten Weisheit, welche alles überstrahlt, die weiße Taube, segnet dich. Damit dein Augenlicht, all dein Sprechen und Reden mit der Kraft des heilenden Geistes aus dir spricht. Er führt dich aus den Pforten des Himmels, um dich sicher nach Hause nun bringen – fürchte dich nicht.

Ich bin nun bei dir, Meister Konfuzius, um dir Beistand nun leisten. Damit die Kraft der Weisheit und des Unterscheidungsvermögens, dich durchfließt. Ich möchte dich erinnern: Kannst dir nichts erkaufen. Wirst alles selbst durchleben. Wir aus dem Lichte der weißen Bruderschaft sind bei dir, um durch Soraia Luah`ya und Sethja Eno'ah sprechen. Sie gingen durch viele Schulungsportale auf Erden hier. Denn die Meisterschaft in der neuen Zeit zeichnet sich aus durch ein Vorleben, ein Hinschauen und Anpacken – im Sinne der neuen Zeit. Dies braucht ein reines Wesen. Diese Kraft strahlt über sie in dich, wird übermittelt mit reinem Herzen. Spüre genau, lass dir Zeit. Damit die Wahrheit deiner Seele – all die Reinheit, die Wahrhaftigkeit, welche wir in die Worte hineinlegen – damit du sie spürst. Denn du bist nichts anderes als wir, als sie es sind auf Erden hier.

Deshalb, wenn du möchtest und es deinem freien Willen entspringt, so sag: „Ja, ich bin bereit in Weisheit auf all die Erleuchtungskraft, den Weg des Herzens nach all dem Gespür mich einlassen in diesem Leben hier. Denn alles wird sich finden, ordnet sich Stück um Stück, immer mehr, immer mehr." Eine große Vielzahl von Angeboten, von Möglichkeiten steht für dich bereit. Brauchst einfach nur zugreifen, kannst sie konsumieren in großer Vielzahl. Sorge dich nicht – vertraue! Die Kraft der bedingungslosen Liebe zeigt dir den goldenen Pfad, zeigt dir den Weg. Damit die Saat, welche du trägst in dir, mag nun aufgehen, sich entfalten in deinem Leben für Mensch und Tier und für dein eigenes höchstes Bestes in Mona`oha – vertraue uns, vertraue dir.

Damit stabil, gut verwurzelt und geerdet du deine Eigenständigkeit, deine Authentizität wieder erlangst, Om Tat Satt. Vertraue dir, denn so wird es geschehen, so ist es angemessen, ist es bestimmt und vorgesehen für dich und für alle Menschen, welche im Kollektiv der Menschen bereit sind sich der Wahrheit ihrer Seele wieder ganz öffnen.

Es geschieht in Leichtigkeit immer mehr, immer mehr. Ich bin Konfuzius, im goldgelben Strahl mit dir vereint über all die Worte, welche du nun aufnimmst. Dein Herz erstrahlt, deine Zellen und Hautmembranen sind geweitet, damit die Kraft der Wirklichkeit, der neuen Daseinsebene dich durchströmt, dich durchflutet. Brauchst dich nicht anstrengen, Om Tat Satt. Dies ist durch die wunderbare Gegenwart in diesem heilenden Feld nicht von Nöten. Kannst dich einfach hingeben, einfach öffnen. Damit deine Erkenntnis, die Weisheit, die Erleuchtung deiner Seele, deines höheren Wesens sich auf Erden wieder ganz vermählt mit dir.
Ich bin Konfuzius, bin bei dir, um dich einweben, dich stärken auf allen Ebenen, so ist es, So ham.

Mona`oha, traue dir.

Wiedergeburt in die neue Zeit
Wiederannahme deiner Göttlichkeit

Kryon
Seraphis Bay
Hilarion
Mutter Maria
Melchizedek
Die göttliche Isis
Die Strahlen der Engel
Die aufgestiegenen Meister und Meisterinnen

Fühle dich willkommen, fühle dich begrüßt, in unsere lichten Arme nun genommen, Hand in Hand vereint. Damit die Kraft der Wirklichkeit, der neuen Dimension – auch Paralleluniversum genannt – sich aufbaut in deinem momentanen menschlichen Sein. Die Strahlen der Engel, der Meister und Meisterinnen schenken dir heute Erwachungsenergie, Transformation, all den Beistand, damit dein altes Leben, die Erinnerung verblasst und sich erlöst.

Die neue Daseinsebene, in welche du und die gesamte Menschheit sich hinein begibt – in dieses neue Leben, dieses scheinbar Unbekannte, in welchem sich Zeit und Raum, die alten Energiestrukturen auflösen – verändert dein Sein. Der Aufstieg beginnt für all die Wesen, die göttlichen Menschen, für dich – du bemerkst es scheinbar kaum und doch sind wir schon mittendrin.

Wir im lichten Bunde sind heute bei dir, um dir Stabilität, höchste Loslass-Kraft, Transformationsenergie nun schenken, damit deine Wiedergeburt auf allen Ebenen sich vollzieht, geliebtes Menschenkind. So sind wir aus dem Lichte der Engel mit deinem hohen Selbst, deiner Ursprungsenergie nun vereint, um dir all den Beistand nun schenken, all das Wohlergehen, die kristallinen Blüten der neuen Zeit. In strahlenden Farben weben wir in dein Seelenkleid, deine Lichtkörper all dies hinein. Damit dein Auferstehen, dein Erwachen, die Wiederannahme deiner Göttlichkeit dir leicht wieder gelingt.

Denn all die Begrenztheit, all die Angst, die dunklen Schleier der Vergangenheit halten dich abgetrennt von deinem wahren Sein, dem hohen Licht in deinem Verstand, in deinem Herzen und dies spürst du sehr deutlich.

Wir sehen aus den Ebenen des Himmels, der Sterne, des Mondes und der Sonne in dich hinein. Denn all dies sind göttliche Geschenke, genau wie du, sind mit dir im höchsten Lichte eins. Du erhältst von ihnen Information, ein Rat-geben – so war es schon in alter Zeit. Du bist bereit all das neue Unerkannte in deinem Herzen, in deinem Intuitionskanal aufsteigen lassen. Damit dies in all der Freude, in tiefem Vertrauen sich zeigt, du diese Wahrheit spürst, sind wir heute mit dir vereint – Kryon mit den liebenden Engeln, den Geistwesen. Um an dir, deinen Lichtkörpern, in deinem Unterbewusstsein die alten Strukturen überstrahlen, sie anheben mit dem himmlischen Lichte, dem Farbenglanz, dem neuen kristallinen göttlichen Schein. Damit all die Kleinheit, all die Begrenztheit jetzt aus dir herausfließt in die goldenen Schalen der Engel der Transformation hinein.

Beginne deinen Atem nun wahrnehmen und einige Male tiefer in dich hineinatmen – Ana, Licht in genau der Farbe nun aufnehmen, welche vor deinem inneren Auge aufsteigt, welche du siehst, einfach spürst oder schmeckst, göttliches Kind. Deine höheren Sinnesorgane, deine höheren Chakren werden mit jedem Wort, mit jedem Beisammensein ausgedehnt bis in deine höchste Quellenebene und die kollektive Quellenebene wieder hinein. Dies ist der Weg nach Hause, dies ist deine Bestimmung, dein Erwachen ohne Szenarien. Du bist bereit das Unerkannte, Unerlöste in den vielfältigen Kammern weiter befreien. Damit die Transparenz, all dein Schwingen, deine Lichtstruktur, du wieder annimmst, sie erstrahlt im leuchtenden, kristallinen Glanz, in all der Schönheit, den pastellen Farben, welche im Sternenregen herniedersteigen, in dich strömen, dich aufladen. Halte deine Hände, die goldenen Schalen geöffnet neben deinem Körper. Bereit, damit immer mehr, immer mehr deine Seelenanteile in all der Ganzheit hinübergleiten in die neue Daseinsebene, das parallele Universum hinein. Denn so wird es geschehen, denn so ist es für dich richtig, ist es vorgesehen, so ist es, So ham.

Und so atme die Aufstiegsenergien von Melek Metatron, die Wellen des Metatron in dich hinein mit den Worten: Kodoish, Kodoish, Kodoish Adonai `Tsebayoth. Schreite voran, göttlicher Mensch.

„Ich lasse los meinen alten, unbewussten Widerstand, meine tiefe Angst und Unsicherheit, wenn ich mich wieder öffne, mich meiner Seelenführung anvertraue den Boden unter meinen Füßen zu verlieren, schutzlos, hilflos und ausgeliefert zu sein. Diese unbewusste, alte Blockade, diese tiefe Unsicherheit in meinem hinteren Herzchakra, in meinem Beckenboden, meinem gesamten Rücken- und Nackenbereich bin ich bereit heute nun freigeben aus all meinen Chakren, aus all meinen Körpern, meinen Lichtebenen, in all dem Schutz, all der Obhut, dem Lichte der Engel nun vereint."

Damit all die Qual und Pein, welche daraus erwachsen, geliebtes Kind, Om Tat Sat, aus deinen Zellen, aus deinem Erdenkleid nun herausströmt, sich verwandelt, neu erstrahlt, nicht mehr Resonanz du spürst. All die Beweglichkeit, die tiefe Liebe, die Wärme, die Barmherzigkeit aus jedem Wort, aus deinen Gedanken sich ergießt für dich selbst und für alle Wesen, mit welchen du dein neues Leben beginnst. Deine Familie, deine Partnerschaft, dein Lebensumfeld – all dies wird angehoben über dein Wohlergehen, dein Dich-wieder-spüren, als Meisterin, als Meister dich wieder erfahren. Deine Einflussnahme in all dem Geschehen steigt immer machtvoller, kraftvoller in dir wieder auf.

Sag: „Ja, ich bin bereit mich hingeben der Führung aus meiner Seelenebene, den hohen Bereichen der Unversehrtheit, in welchen ich bin. Ich lasse los all die Trauer, die Aussichtslosigkeit, die alten energetischen Bande, in welchen ich noch gefangen bin im Kollektiv der Menschheit – mit Arbeitskollegen, mit meiner Herkunftsfamilie in diesem Leben. All die energetischen Fesseln, welche mich noch gefangen nehmen aus alter Zeit – aus vielen, vielen gelebten Leben, aus Äonen der Zeit von anderen Planeten – werden nun befreit und transformiert."

All dieses Unerlöste, diese schweren Pakete, welche in deinen Lichtkörpern noch schwingen, dich drücken, dir unbequem sind, werden wir heute im Lichte der Engel, im violett- goldenen Strahl aus dir nun spülen, von dir nehmen in all der Behutsamkeit, der tiefen Herzensliebe. Damit die Kraft der Wirklichkeit sich weiter ausdehnt in dich hinein, dich erhebt auf allen Ebenen in deinem Sein.

„Ich lasse los mich von meinen wahren Gefühlen abgeschnitten zu haben, sie nicht mehr spüren wollen. Meine Weiblichkeit, meine Männlichkeit bin ich bereit in erlöster Natürlichkeit – ohne all die Schuld und Scham, das Verstecken, das Verborgene, welches sich in vielen, vielen Zeiten manifestiert hat – über mein Freigeben wieder leben, meiner Seelenführung auf allen Ebenen anvertrauen. Ja, ich bin bereit mir dies erlauben, den höchsten Segen von Gottvater, Gottmutter vereint jetzt annehmen – tief, tief in meinen Beckenboden, in meinen Lichtkristall, in mein Steißbein hinein. Damit all die Starrheit, all das Abgetrennt-Sein meiner weiblichen und männlichen Kraft sich transformiert, die Sexualmagie der göttlichen Isis wieder erwacht, genau wie damals in lemurianisch-atlantisch-ägyptischen goldenen Tagen."

Dieses hohe Wissen werden wir in all der Achtsamkeit in dir aktivieren, aufsteigen wieder lassen. Denn du hast „Ja" gesagt deinen Beitrag, deine Aufgabe erfüllen für den Aufstieg von Mensch und Tier auf dem blauen Planeten.

Und so freue dich und stimme mit ein. Das Meisterpaar Roland Sethja Eno`ah mit Christina Soraia Luah`ya, seiner Zwillingsflamme vereint, leiten dich in deinem Aufstiegsgeschehen liebevoll und mit Klarheit in die neue Daseinsebene neuer Dimension und weit darüber hinaus. Die göttlichen Kinder, Johanna Maria Lanah`ma und René Pierre – ebenso vereint als Dualseelen, als

Erdenkinder des Meisterpaares – für dich bereit, damit die Wunder, das ewige Leben, für welches du hier her gekommen, wieder erklingen in deinem Leben.

Deinen Platz wieder einnehmen – als Aufstiegshelfer, als Therapeutin, als göttlicher Mensch in der neuen Zeit wirksam sein. Genau dies wird geschehen in deinem Rhythmus, in deiner Zeit. Du spürst in deinem Herzen, in deinem Verstandesbewusstsein, über dein eigenes Leben, durch jede Begegnung, jedes Wort, welches in deine Lichtebenen hineinfließt das hohe Licht, welches wir gemeinsam über diese reinen Kanäle hierher senden. Damit als Meister, als Meisterin mit deiner Zwillingsflamme, deinem Seelenpartner du dich ebenso wieder vereinst, Om Tat Sat, göttlicher Mensch.

Atme all diese Lichtkristalle, diese Wortenergien in dich hinein, damit der Klang und die Farbe dich erfüllen, dein drittes Auge ausgedehnt erstrahlt – Mona`oha. Denn die große Seelenfamilie des Kryon wird vereint – ohne Rivalität, ohne Machtmissbrauch. So wird es sein. So ist es. All dies geschieht in genau der Zeit, wie es richtig, wie es geschrieben steht, so wie es jedem göttlichen Menschen dienlich ist. Damit das eine Licht auf Erden zum höchsten Wohle aller Menschen und Wesen und insbesondere für dich wieder wirksam ist, geliebtes Menschenkind.

Freue dich und spüre in deinen Erdenkörper, in dein Herz, deinen Bauchraum, deinen Beckenboden hinein. Lass deine Hände sanft im Sonnenschein über dich gleiten, spüre all die Liebe für dich selbst. Über deine Hände fließen heilende Ströme in dich hinein. Dein Bewusstsein wird immer höher ausgerichtet, du beginnst an dir selbst die heilenden Farben, die heilenden Töne anwenden, welche das Medium spricht und welche aus unseren Ebenen in dich gelangen. Mache diese sanfte Übung, indem deine Hände über deinen physischen Körper gleiten, ihn berühren in all der Zartheit, in all der Akzeptanz, damit die Unversehrtheit, die Vollkommenheit sich wieder spiegelt. Denn du hast deinen Erdenkörper genauso erschaffen und nun bist du bereit ihn erheben, ihn vervollkommnen, in den höchsten Ebenen ihn wieder erstrahlen lassen, in den hohen Frequenzen, dem kristallinen Licht, aus welchem du entspringst, wahrlich geboren bist. Denn du weißt Schönheit erstrahlt klärend von innen.

So ist viel geschehen in unserer Begegnung, in deinem Öffnen, deinem Hingeben. Erlaube dir nun all die Ruhe, all die Entspanntheit, welche dein physischer Körper dir aufzeigt, dir meldet. Denn aus dem höchsten Lichte ist für dich Erwachungsenergie gekommen, ist Loslass-Kraft in dich geflossen in all deine Körper. Du weißt, feinstoffliche Veränderungen an deinem Lichtkörper können kräftezehrend sein und dein Körper freut sich über ruhende Stille.

Wir werden dich hinübertragen in dein neues Leben, in deinem Rhythmus, in deiner Kraft. Doch erinnere dich: Brauchst auf nichts mehr warten, der Zeitpunkt ist jetzt. Wir unterstützen dich, damit die schweren Fesseln, welche dich manchmal noch zurückhalten möchten, damit sie sich transformieren und erlösen – damit der Grund der Wahrheit deiner Seele sich weiter ausdehnt, Om Tat Sat, Studierender und Studierende des Lichtes, welche du bist.

Wir sind im Kreise der Lichtfamilie über die Medien, über das Licht der Engel, die hohen Selbste mit dir vereint. Lass es dir königlich ergehen, wie es einer Meisterin, einem Meister der neuen Zeit gebührt. Nichts muss, alles kann, ohne Raum, ohne Zeit, so ist es, So ham.
Ich bin Kryon, Meister Seraphis Bay, Hilarion, Mutter Maria, Melchizedek, die göttliche Isis und viele, viele tausend Lichter, die bereit stehen für dich, so ist es.

>An`anasha, an alle aufgehenden Sterne
>am Firmament im Jetzt und Hier.

Kapitel 4
Partnerschaft, Liebe und Sexualität

Liebende Berührungen
Dich im Herzen wieder spüren

Adama
Lady Nada
Die lichten Schwestern und Brüder aus Telos

Mit all diesem Frieden, mit diesem Durchatmen möchten wir dich heute begrüßen, um nun die Kraft in deinen inneren Ebenen aktivieren, um dich berühren, göttlicher Mensch, lichte Schwester, lichter Bruder aus alten, alten Leben. Die Sanftheit der Engel umgibt dich, öffnet deine Chakren und deine Herzensebene. Du bist eingehüllt, damit all die Anspannung, all dein Denken und Streben, motiviert aus deinem irdischen Leben, nun in den Hintergrund, in die Geborgenheit der Engel hinübergleitet. Damit all die Worte, welche du nun aufnimmst, all die Energien, welche aus anderen Dimensionen dich berühren, hinüberfließen. Damit all dein Fühlen sich mit deinem Verstehen vereint, wenn du in der Ebene der Wirklichkeit wieder bist.
Und so mache dich bereit durch die Sternenportale hinüber schreiten. Finde deine Einstimmung, welche dir angenehm und möglich ist, indem du dir deinen Raum nun nimmst, Zeit für dich. Kannst eine Kerze entzünden in der Farbe deiner Wahl. Rosa-golden verbindet dich mit dem vierten Strahl von Lady Rowena und schenkt dir göttliche Liebe, Toleranz und Freiheit auf Erden hier. Wirst geführt vom „menschlichen Lieben" in das „göttliche Lieben". Damit du all dein Gleichgewicht, deine Ausgeglichenheit wieder spürst. Du möchtest dann ein-

fach nichts, folgst dem Energiefluss in deiner Zeit.
Über dein Bewusstsein und die Symbolik der Farben – rosa-golden im leuchtend liebenden Schein – baust du eine Energieschwingung auf, die in der kleinsten Zelle, auch in deinem Heilungstempel, deinem Wohnort, dich umgibt. Diese alte Weisheit erblüht nun wieder aus deinen inneren Ebenen, aus deinem Kristallkörper.
Göttlicher Mensch, göttliches Kind, fürchte dich nicht. Wir, Kryon, hüllen dich seit Beginn, in welchem du diese Zeilen nun liest, liebevoll ein. Damit all der Widerstand, all dein Denken „Ich muss kontrolliert noch sein" – damit all diese Energien, diese Blockaden, welche dich trennen von deinem Wahrnehmen, deinem Fühlen, deinen höheren Lichtebenen, nun herausströmen aus deinen Zellen. Die Kraft der Wirklichkeit dehnt sich im Hier und Jetzt, in deinem Heilungstempel, deinem momentanen Ort, in deinem irdischen Lichtfeld nun aus.
Göttlicher Mensch, es geschieht. Atme und sage: „Ja, ich bin nun bereit auf die Reise gehen in meinem Ätherkörper, damit mein diamantenes Licht wieder zur Gänze sich vermählt hier auf Erden, so wie es für mich angemessen und vorgesehen nun ist."
So bist du eingebettet im magnetischen Feld, in den heilenden Wellen des Kryon. Damit durch die Liebe der Engel, welche dich geleiten, Stück um Stück du dich nun öffnest für Adama, welcher im Aufstiegslicht nun mit dir spricht.
Aus den ätherischen Ebenen, noch möglicherweise unsichtbar für dein Wahrnehmen, begrüße ich dich, heiße dich willkommen. Ich bin Adama, der hohe Priester, der Führer der erleuchteten Gesellschaft in Telos mit

all den Schwestern und Brüdern, um dich stärken, dich verbinden, so wie es einst schon einmal war.
Durch die Liebe der Engel bist du eingestimmt in deinem Ätherkörper für die Reise nach Telos in den Aufstiegstempel. Auch Ana`mah und Aurelia, die Zwillingsflammen des Lichts stehen für dich bereit. Alles ist ganz nah – Berührung auf vielen Ebenen. Dieses Spüren ängstigt dich manchmal, kennst du nicht mehr, ist abgetrennt durch Programme und Muster in deinem Leben, welche du übernommen hast von Eltern, Menschen und Wesen. Die Zeit ist gekommen dich erinnern auf vielfältige Art. So ist Berührung möglich.
Beginne sanft deinen Körper wahrnehmen, dich wiegen, dich berühren und streicheln – ganz sanft an den Körperstellen, welche dir intuitiv angenehm nun sind, jetzt und hier. Lass deinen Atem strömen. Wiege dich sanft mit den Tönen der Musik, damit du aufgeladen wirst, Berührung wieder spüren kannst. Mit jedem Wort, welches wir dir senden, wirst du verbunden mit Allem-was-ist. Du spürst, wann dies grenzenlos, ohne Angst und Qual geschieht. Nehme wahr, ob du all-ein oder verbunden bist mit einem Menschen, einem Wesen, mit einem Tier oder dich mit Pflanzen umgibst- vielfältig ist diese Kraft berührt wieder werden. Damit deine Transformation, deine Umpolung in diesem Leben geschieht.
Finde heraus, in deinem Rhythmus, was dein Herz dir signalisiert. Ob dein inneres Kind Hinwendung, Zärtlichkeit und Liebe, dieses Sehnen gerade verspürt. Diese Wahrnehmung in deinem Leben wird unerlässlich. Denn im Aufstiegsgeschehen, in all dem Integrieren ist dieses Gespür, von welchen Ebenen deine Sinne gerade berührt

werden, von großer Bedeutung.
Dein intuitives Spüren setzt die körperliche Liebe in Zweisamkeit frei, ein Annähern eurer Chakren, die Annäherung in eurem Seelenkleid, eurem ätherischen Feld. All dieses Einschwingen, dieses Berühren möchte wieder gefühlt, gelebt und angenommen sein. Damit du, göttliches Kind, in höchster Glückseligkeit auf Erden hier mit deinem Herzenspartner, deiner Herzenspartnerin dich findest, dich vereinst – so wie es im göttlichen Plan für dich richtig ist und vorgesehen in deiner Kraft, deinem Rhythmus, in deiner Zeit. So wird es geschehen, so ist es von Gottvater, Gottmutter, den höchsten Schöpferenergien vorgesehen, So ham.
In Mono'To be schreitest du voran. Damit all deine Kanäle, all deine Sekrete, deine Säfte, deine Körperflüssigkeiten, welche jetzt noch brach liegen, nicht mehr fließen, beginnen wieder mit Lebenskraft dich durchdringen und durchfluten, du Meisterin, du Meister in der Ich-Bin-Gegenwart. Damit heilende Intimität in deinem Leben wieder strömt. Lebendig sein, tanzen und springen im neuen dimensionalen, höchsten Sein und darüber hinaus, grenzenlos.
Ich bitte dich, denke nicht. Spüre und lass geschehen. Damit du über jedes Wort die hohen Lichtfrequenzen kannst aufnehmen. Damit sie dich durchströmen, in dich hineingleiten in deine unbewussten, deine inneren Ebenen. Heilung, Osam, möge geschehen. Offenheit möge sich einstellen, wo Verzweiflung und Resignation gewesen ist seit langer Zeit. Bei dir wieder ankommen, mit deiner Seelenfamilie – Hand in Hand, Herz an Herz. Damit sich alles eröffnet, ohne Druck, ohne Schmerz die

Wunden nun heilen können, göttlicher Mensch.
Die alten Programme erlösen sich mit Verstand und Herz – alles gehört zusammen, nichts schließt etwas aus.
Dein neues Leben ist geprägt von der Kraft der Liebe.
Du bist bereit den Weg des Herzens wieder gehen, dich berühren lassen auf vielfältige Art von Menschen und Wesen. Nicht analysieren, sondern wieder diese heilende Kraft wahrnehmen über den Blickkontakt, über deine Intuition. All diese Natürlichkeit wieder leben, auch in der Partnerschaft als ein Lichtkind der neuen Zeit.

Ich möchte meine Bewunderung aussprechen all den Pionieren, welche schon immer andere Wege gehen, ausprobieren, Erfahrungen machen und so Wegbereiter für das Kollektiv der Menschen hier auf Erden sind. Damit sich alles erhebt auf der göttlichen Himmelsleiter. Damit als lichte Wesen ihr auf Erden weiter existiert. Diese Transmutation in euren Körpern, den Zellen, den Organen – sie geschieht. Doch nicht mit Wollen und mit Streben – sondern durch Loslassen und Freigabe. Der goldene Schlüssel des Herzens trägt dich hoch hinauf. All dies möchte in der Materie umgesetzt werden. Diese Analogie ist unerlässlich.

Wir und alle aufgestiegenen Meister, alle Lichtwesen sind gerne bei dir, sind mit dir verbunden in der Nacht und am Tag nun immer mehr, immer mehr. Damit die Mühsal auf Erden sich weiter transformiert, sich erlöst. Damit die Strukturen der Illusion, die tiefen Programme von „Ich will, ich muss." aus dir überstrahlt werden und durchlichtet, in deinem Rhythmus in deiner Zeit. Damit die göttliche Liebe zwischen Frau und Mann wieder aufsteigt, wieder in dein Leben Einkehr hält.

So bin ich nun hier bei dir im rubinrot gleißenden Licht. Ich schenke dir all die Liebe, den Frieden, die Kraft des selbstlosen Dienens. Damit du annehmen kannst, was momentan in deinem Leben ist. Als deine Lichtschwester Nada hülle ich dich ein. Damit dein menschliches Denken, deine Begrenztheit sich auflöst. Damit deine Träume, deine Visionen sich realisieren, kraftvoll manifestieren. Als Lady Nada bin ich jetzt in deiner Gegenwart. Berühre dich mit der Glut meines Feuers, dem rubinroten Strahl. Dein Seelenfeuer, deine Monade, dein Seelenstern wird dabei aktiviert. Damit das Unüberwindbare, all die Mauern der Trennung, dein dich Nicht-mehr-spüren, all diese Nicht-Liebe sich transformiert.

So wiege ich dich schützend in meinen Händen, mit meinen wärmenden Strahlen umgebe ich dich. Damit Heilung und Frieden nun wird geschehen. Deine kosmische Matrix, dein galaktisches Feld, dein irdischer Lichtkörper sich einschwingt gemäß der neuen Welt, der neuen Daseinsebene, ohne Raum, ohne Zeit. Geliebte Seele, ja, es ist ganz nah, ist nicht weit, es ist. Du bist nun eingebettet, bist eingehüllt federleicht. Damit die Wahrheit deiner Seele engelsgleich hier auf Erden sich entfaltet, Stück um Stück, gut verbunden. Damit du als erleuchtetes Wesen dich hier bewegst – wertfrei.

Denn genau du erhebst dich, findest wieder deinen Platz, nimmst ihn ein, gehst voran, um ein Leuchtturm sein für deine Schwestern und Brüder, für alle Menschen, welche sich beginnen – sich öffnen für die Wunder grenzenloser herrlicher Möglichkeiten ihres Lebens. Eines neuen Lebens in Frieden und Wohlstand, hier auf unserem blauen Planeten Lady Gaia. So spüre die Leichtigkeit.

Vielleicht kannst du auch Bilder sehen aus dem Aufstiegstempel in Telos, welche vor deinem inneren Auge entstehen. Nimm all diese machtvollen Instrumente als Wahrheit wieder an. Denn all diese Lichtebenen und Dimensionen, diese Portale sind ganz nah nebeneinander. Über die Wiederannahme und Aktivierung der Chakren, deiner verschiedenen Lichtkörper und insbesondere deines Herzensstrahls wird alles eröffnet, wird wieder in dich hinein strömen, du Meisterin, du Meister aus alter, alter Zeit. Damit all dein Öffnen auf Körperebene, welches momentan noch verschlossen ist in deinem Leben – damit dieses sinnliche Wohlergehen sich wieder einstellt, sich wieder ergießt in dich.
So lass uns an den Händen nun nehmen, im Lichtkreis, im lichten Reigen uns spüren, uns bewegen im Kreis der Familie. Atme über deine geöffneten Lippen Ana, göttliches Licht nun in dich ein. Die Kristalle der Wirklichkeit, welche dich hinübertragen, dich anfüllen. Damit immer mehr, immer mehr Aufstiegskraft, Aufstiegsenergie dich durchströmt in all deinen Körpern, auf allen Ebenen. Dein Aufstiegskanal sich ausdehne, so wie es richtig ist und vorgesehen.
Ich bin Adama mit meiner Liebsten Galacia und Lady Nada meiner Lichtschwester, mit allen Schwestern und Brüdern im bedingungslosen Sein und nun mit dir auf Erden vereint. Ganz sanft gleiten deine Ätherkörper, deine Lichtkörper nun wieder durch das Sternenportal in deine Zeitebene hinein, um dich verbinden mit deinem Erdenkörper. Um gut geerdet wieder nun hier sein in deinem momentanen Leben, Om Tat Sat – Lichtkind das du bist

Ja, du bist bereit dein ganzes Licht wieder annehmen, so ist es, So ham.

> In Kodoish, Kodoish,
> Kodoish Adonai `Tsebayoth.
> An`anasha – Danke.

Sinnlichkeit und Heilende Intimität erwacht
Erwecke deine Lebenslust und dein Liebesfeuer

Christina Soraia Luah'ya
Roland Sethja Eno'ah

Du spürst die warmen Sonnenstrahlen auf deiner Haut, fühlst dich wohl und geborgen. Du hast dich umsorgt, dir gut getan, den Tag sanft begonnen mit all den Speisen, welche dir Lust bereiten und ein angenehmes Gefühl, hast dir Wonne geschenkt.
Nun lässt du deinen Atem einfach strömen, gibst dich hin in das wohlige Sonnenbad, in die heilenden Strahlen. Du bist einfach glücklich, kannst die Welt erfahren, sie spüren, sie sehen mit Allem-was-ist: Die erwachenden Blumen, die zarten Knospen der Bäume, Frühlingszeit, Neubeginn in deinem Herzen. Die alten Fesseln der Vergangenheit, die alten Muster, welche dich solange begleitet, der innere Kampf nicht gut genug, nicht richtig denn sein – all dies lässt du nun aus deinen Körpern einfach frei in die heilenden Strahlen der Sonne. In ihre Wärme, ihre Liebe, ihre Geborgenheit.
Du verbindest dich mit Avatara, der Zentriertheit, mit der Kraft des Sonnengottes – so wie es in dir momentan aufsteigt. All die Würdigung, all die Verbundenheit lässt du nun fließen. Du spürst ein zartes Vibrieren in deinem Unterleib, deinem Beckenboden, gibst dich sanft den Wellen hin, in welche dein Körper hinübergleitet. Ein harmonischer Strom aus goldenem Licht, Wärme und Behaglichkeit. Die Stimmen der Vögel, die Düfte des erwachenden Frühlings hüllen dich nun ein.

Du spürst: „Ja, ich möchte mein Frau-Sein, mein Mann-Sein wieder leben, möchte mich nicht mehr verstecken, mich nicht mehr schämen. Möchte meinen Körper wieder mit all der Wonne vibrieren spüren auf allen Ebenen. Ich bin bereit über den Klang der Worte sanfte Schauer von meinem Liebsten, meiner Liebsten wieder wahrnehmen. Mich öffnen, über tiefe Blicke einfach fallen lassen, loslassen. All das Wohlgefühl in meinem Herzzentrum, meinen Brüsten, den Knospen. Wieder mir erlauben mich berühren, streicheln zart, so wie es in mir aufsteigt, ich möchte es neu herausfinden. Ich gebe meiner Sinnlichkeit wieder Raum, ohne Druck, auf meine mir eigene Art in diesen heilenden sonnigen Strahlen. Das Aufsteigen der beiden Schlangen der Kundalini in meinem Inneren, mein Lebensfeuer, mein Lebensabenteuer beginnt sich neu entfachen. Ich möchte mich bewegen in leichten Stoffen, welche meinen Körper umspielen. Mich wieder zeigen. Die Kraft der Göttinnen leben, damit auch die Männer sich wieder erlauben in den heilenden Tanz von Shakti und Shiva wieder einschwingen, ohne Schuld, ohne Scham."

All die Erotik, das natürliche Sein beginnt wieder sich vereinen in der Geborgenheit der Liebe, des goldenen Lichtes Lemurias, so wie es war vor langer, langer Zeit gewesen. Die Zeit ist wieder gekommen all dies leben, dies annehmen, mit all unseren Körpern glücklich sein als Frau und Mann auf der neuen Erde vereint, als erleuchtete, weise Wesen. Denn du hast „Ja" gesagt, bist bereit Schritt um Schritt, in deinem Rhythmus, in all dem Schutz, all dem Beistand aus dem Licht der Engel das Geleit, die Führung wieder annehmen.

Atme über deine geöffneten Lippen das Lebensfeuer, welches dich nun durchströmt, dich einhüllt, sich ergießt in deine Chakren-Kanäle, in deine Organe, den Beckenboden, in dein Sakralzentrum. Damit all die Lust, all die Wonne auf Erden sich für dich wieder eröffnet, göttlicher Mensch, Om Tat Sat.
Sag: „Ja, ich bin bereit mich hingeben der Wahrheit meiner Seele, den hohen Selbsten wieder anvertrauen, vorangehen mit meinen Schwestern und Brüdern auf Erden vereint."
So steigt diese leuchtende Kraft in deinem Aufstiegskanal empor, dehnt sich aus – tief, tief in deine Herzzentren nun hinein. Damit du transparent, durchlässig werden kannst, ganz fein. Du bist bereit die hohen Lichtfrequenzen annehmen, integrieren und erstrahlen lassen, dein Leben verwandeln.
All diese Reinigung, diese Befreiung geschieht, die Neuanhebung in dein Licht, dein wahres göttliches Sein, Om Tat Sat, du Meisterin, du Meister aus Lemuria, Atlantis wieder vereint, Nawa'ela mah. Lay'uh Ash Schechina, Lay'uh Ash Schechina, Lay'uh Ash Schechina.
Vielleicht möchtest du auch deine Liebste, deinen Liebsten einladen deine Zärtlichkeit, die Berührung auf deiner Haut nun spüren. Es geschieht, indem du sein Bild vor deinem inneren Auge erscheinen lässt. Der ätherische Körper ist dann anwesend und du kannst verschmelzen, grenzenlos sein mit all den Menschen und Dingen, welche dich unterstützen, dich befreien in deinem sinnlichen Erleben, in der Wiederannahme deiner Selbstliebe, dem Ehren deines Erdentempels. Damit all die Verletzungen heilen in diesem lichten Sonnenbad.

Warme Düfte steigen auf, hüllen dich liebevoll ein: Rose, Iris, Maiglöckchen, Vergissmeinnicht, Veilchen und all das, was du ganz persönlich denn magst. All diese Kräfte öffnen deine Kanäle, berühren dich, damit du deine Sinnlichkeit wieder kannst spüren, sie entdecken, neu definieren. Damit Heilung und Bewusstsein dich durchströmen, göttlicher Mensch. So ist es.
Wir aus den lichten Höhen lassen unsere heilenden Wellen über Luah`ya und Eno`ah in euch selbst denn strömen, ganz wunder-voll. Die Wunder geschehen. Sag einfach „Ja". Diesen Liebesfluss, diese Sinnlichkeit kannst du nun mit hinüber nehmen in dein Erdenleben hinein. Wirst die Welt mit neuen Augen ent-decken, sie spüren, sie riechen, sie schmecken und sie erleben
Du wirst dich in den neuen Dimensionen hier auf Erden bewegen, dieses neue Leben, dieses Gewahr-Werden ist nun da. Und so sagen wir vereint im goldenen heilenden Lichte des Sonnengottes, der wärmenden Strahlen hier und heut, die Kraft Lemurias mit Atlantis vereint, An`anasha, Om Tat Sat.

> Öffne weit, weit deine Engelsflügel.
> So ist es, So ham, Nawa`ela mah.

Heilende Entbindung einer Partnerschaft
Neubeginn auf allen Ebenen

Sananda
Jesus der Christ

Viele Partnerschaften sind unerlöst und karmischer Art. Muster unerfüllbarer Erwartungen wie „Mach du mich glücklich" oder mangelnde Selbstliebe, die die Bestätigung im anderen sucht, Stillstand in der Partnerschaft, Wortlosigkeit, fehlende Nähe, Nebeneinanderher-leben, alleine sein, bestimmen den Alltag. Diese Botschaft der Entbindung einer Partnerschaft, habe ich mit einer Klientin während einer Telefonsitzung aus den geistigen Ebenen empfangen. Innerhalb kurzer Zeit nach der energetischen Übertragung hat sich die Partnerschaft sanft und leicht in beidseitigem Einverständnis entbunden. Heute noch sind sie innig freundschaftlich verbunden.
So atme drei Mal tiefer in dich hinein, geliebtes Menschenkind, und beginne Ana, göttliches Licht, nun aufnehmen. Damit all die Verzweiflung, all die Ratlosigkeit aus deinen Verstandesebenen, aus deinem Herzen nun entweicht, sich auflöst, geliebte Seele. Damit du all den Trost annehmen kannst, welchen wir dir senden in deine Chakren und deine Lichtkörper tief, tief hinein. All die Angst, all die dunklen Schatten, welche dich gefangen nehmen, verwandeln sich nun in Hoffnung und Leichtigkeit. Denn alles geht vorbei. Die alten Strukturen, all die unerlöste vermeintliche Sicherheit in deinem Leben löst sich auf in Kodoish, Kodoish, Kodoish,

Adonai ´Tsebayoth.

Lass dich nun fallen, gib dich in unsere Hände nun hinein, damit der neue Morgen, der Neubeginn auf allen Ebenen in deinem Sein sich manifestiert, aufsteigt in all dem Wohlergehen, all der Güte und Verbundenheit, ihr Seelenfamilien, ihr Lichtfamilien der neuen heilenden Zeit. All der Druck, all der Schmerz strömt aus deinen Lichtkanälen.

All die Schatten, die Dunkelheit, die tiefe Trauer löst sich nun auf aus deinem Seelenkleid, den Lichtkristallen, den Chakren – es geschieht. Denn wir, die Gegenwart der Engel, der Meister und Meisterinnen der Transformation, der Meisterpaare, sind nun mit dir und mit euch vereint. Damit das höchst Beste sich einstelle in all der Ruhe.

Lass dich fallen, lass deine Tränen fließen. Du wirst nicht bestraft, brauchst nicht mehr büßen. All dies ist die Umwandlung, ist die Verschmelzung vom menschlichen in dein göttliches Dasein, göttliche Seele. Wirst von all dem befreit, all dem Ballast, all der Zerrissenheit.

Wir werden dich mit deinem Lebenspartner sanft entbinden, werden all die Ebenen, die Verträge, welche dich und ihn noch gefangen nehmen in Schmerz und Leid, in Trauer und unerlöster Verbundenheit, liebevoll erlösen, reinigen, durchtrennen und transformieren. Damit in all dem Schutz, all der Geborgenheit sich alles eröffnet in dir, in ihm und euch miteinander vereint – so, wie es richtig ist und vorgesehen, ihr Lichtfamilien der neuen heilenden Zeit.

Damit die dunklen Schatten, all die Gelübde, welche ihr euch einmal gegeben auf anderen Planeten, in anderer

Zeit, sich zum höchsten Wohle von euch selbst und allen Menschen und Wesen nun entbinden und befreien – im liebenden Schutz von Erzengel Michael, dem Licht des Kryon, der hohen Selbste jetzt vereint. All die Angst, die Einsamkeit befreit sich nun, fließt heraus in all der Wahrhaftigkeit aus den Zellstrukturen, euren Herzen, dem Beckenboden. Damit du dich wieder spürst, all das Gute wieder annimmst. Dein Basisfundament beginnt sich heraus kristallisieren, die Urmutterkraft steigt wieder auf in dir – es geschieht ohne Druck, ohne Anstrengung, in Mona`oha, im Vertrauen mit dir vereint.

All die Vorbehalte, all die Zurückhaltung von Menschen und Wesen dir selbst gegenüber – all diese Verschlossenheit öffnet sich sanft – ohne Druck, in deinem Rhythmus, in deiner Zeit. Die göttliche Liebe durchströmt all deine Körper. Damit alles sich erlöst – all die Angst, die Starrheit aus vielen, vielen Leben, all die Wut und der Zorn. Diese Negativität fließt aus den Kammern des Unbewussten, aus deinem Schulter- und Nackenbereich nun heraus in unsere Hände, in die Hände der Engel der Transformation, der violetten Strahlen nun hinein.

All die Bürden, welche scheinbar nicht mehr enden, befreien sich nun aus deinem Kopfbereich, den Wangen, dem dritten Auge. Entspanne dich und gib dich hin. Was dein menschliches Handeln noch gelenkt, noch mit menschlicher Kraft gesteuert, spülen wir nun aus dir, aus euch, wie es für jedes Menschenkind nun richtig und angemessen denn ist. Damit die Kraft der Erlösung, der Neubeginn sich sanft manifestiert.

Die dicken Mauern, die schwere Last auf deinem Rücken, in den Ätherkörpern bei dir und bei euch lösen sich

Schritt um Schritt auf. Ganz sanft berührt euch wieder die Kraft der Wirklichkeit. All die Verbundenheit von Herz zu Herz, bedingungslose Liebe in Elexier, Elexier, Elexier der Wirklichkeit zirkuliert wieder im Prana-Kanal, in der Aufstiegsröhre, alles verbindet sich wieder mit dir.

Dein Verstand kann es nicht ermessen, hält die Lösung nicht in Händen. All dies bringen wir Stück um Stück in dein Leben, in dein Bewusstsein auf Erden hier.

So atme, lass dich einfach sinken, damit die Wellen dich berühren an Herz und Händen. Damit die Wahrheit deiner Seele, eurer Seelen sich vereint zum höchsten Wohle von Allem-was-ist und zum höchsten Wohle von dir. Mona'oha, vertraue uns und vertraue dir. Brauchst nichts lenken, es geschieht. Dich hingeben, Liebe spüren, sie fließen lassen für Mensch und Tier. Damit alle Chakren sich wieder einschwingen, du deinen Hals wieder kannst öffnen. All die Verschlossenheit, all die Enttäuschung, das Bloßgestellt-Sein entweicht aus dir. Mit all dieser Hingabe, dieser Geborgenheit hüllen wir dich nun ein in den Pastell-Tönen, den kristallinen Farben immer mehr, immer mehr. Damit Ruhe und Frieden, Onar in Tara'dos wieder aufsteigt in dir, sich verbindet in all deinen Körpern, auf allen Ebenen in deinem Sein – Aloha.

All der Druck strömt aus deinen Gehirnhälften, all die Anspannung fließt ab von dir. Du wirst deinen Herzenspartner finden, wirst ihn erkennen, geliebte Seele. Diese Kraft, diese Weisheit, diese göttliche Liebe zirkuliert nun wieder in dir. Alles ist gut und richtig.

Warst an deiner Erschöpfungsgrenze angelangt. Doch

niemals ist deine Kraft am Ende. Neue Pforten, neue Tore öffnen sich in dir, in deinem Leben. Bist auferstanden auf Erden hier, du alte weise Seele. Bist mit vielen deiner Seelenanteile in der Kraft der Wirklichkeit vereint und immer mehr, immer mehr lösen sich die alten Erfahrungsebenen ganz sanft aus dir, lösen sich auf. Damit Schmerz und Leid vielfältiger Art sich transformieren.

Fürchte dich nicht, denn wir sind bei dir, Seraphis Bay, deine lemurianischen Seelengeschwister, deine Familie auf Erden und in den ätherischen Ebenen, um alles begleiten und euch unterstützen. Das Licht der neuen Dimensionen und noch viel mehr durchflutet dich, strömt in deinen Beckenboden , um sich verteilen in deinen Fußzentren, dich erden, damit du dich wieder spürst. Es steigt hinauf über deine goldene Mitte, deinen Solarplexus, in die Herzzentren, hinten und vorne. Alles transformiert, die Erdenschwere strömt heraus aus dir, aus deinen Handzentren, aus deinem Schulter- und Halsbereich, um alles regenerieren. Gebe dich hin, damit die Worte der Liebe aus dir wieder strömen, die Kraft der Liebe, die Kraft der Vergebung für alles, was geschehen. Ena, Vergebung zirkuliert in dir, hüllt dich ein, hebt dich an. Denn alles ist gut und richtig momentan.

So gibt auch der Ältestenrat dir Hinweis und Unterstützung für dein weiteres Leben: Wenn du in Partnerschaft lebst, ist große Hingabe gefordert, um Disharmonien auflösen – bedingungslose Liebe, Hinwendung, ein Dasein für den Menschen, den Partner in deinem Leben, Om Tat Sat. Über dein Leuchten, deine Präsenz nimmst du Einfluss in deine und seine unbewussten Ebene, damit von göttlichem Menschen für göttlichen Menschen der Ausgleich geschieht. Denn in der Partnerschaft wirken mehrere Ebenen, die Disharmonie in einem Menschen hervorrufen können.

Ohne Vorwurf möchte ich diese Worte in dich hineinlegen, dich anregen in deinem Gespür, deiner Wahrnehmungskraft, damit die Wahrheit deiner Seele in all deinen Körpern wieder erwacht, sich vereint. Erkenne, dass dein Partner nur ein Spiegel deiner selbst ist. Verleugne dich nie – sondern erkenne dich in ihm. Alles, was geschieht, was immer es auch ist, möchte dein Erwachen voranbringen. Damit das Wunder des Lebens in dir und durch dich sichtbar wird. Regeneration, heilende Intimität, magische Sexualität und das ewige Leben – all dies trägst du in dir.

Heilung wird in deiner Beziehung geschehen. Angst vor Verlust und „nicht gut genug sein", Angst vor Nähe und Liebe, Worte der Bewertung und Kontrolle fließen ins Feuer der Transformation. So viel Entfremdung mit dir ist geschehen in vielen Leben und in diesem Leben. Mann und Frau haben feste Rollen eingenommen, verkörpern dies ohne Wenn und Aber. So ist es auch bei dir – in deiner Vorstellung, in deinen Gedanken, in deinem Praktizieren. Ich möchte dir sagen: Dies ist nicht mehr angemessen auf der neuen Erde hier. Es ist ein Ablenken von der wahren magischen Liebe zwischen Mann und Frau. Es durfte so sein, um sich auf allen Ebenen der Dualität und Abgetrenntheit bewusst werden, sie erfahren. (Thema Partnerschaft ja)

Du kannst wählen, dich entscheiden, ob du dein Ursprungslicht – die Liebesweisen, welche du in dir trägst, gelebt hast in alter Zeit, Lemuria – bereit bist wieder annehmen, dies entfachen, göttlicher Mensch. Denn es ist soweit, die Tore sind geöffnet, damit all dies aus deinem Unterbewusstsein, deinen Zellen, deinen Lichtkörpern emporsteigt, dich durchströmt – ohne Schuld, ohne Scham, in Gleichwertigkeit. Wir zeigen unsere Liebe, zelebrieren sie als Menschenkinder, als göttlicher Mann und göttliche Frau vereint. Wir genießen den Ausdruck der Liebe so wie er aufsteigt, in all der Natürlichkeit, welche verloren vor langer Zeit – was gewollt, um die Abgetrenntheit aufrecht erhalten. Doch dies ist vorbei.

Auch möchte ich eine große Anerkennung den Menschen und Wesen nun schenken, welche die freie Liebe auf eurem Planeten praktizieren, dies tun in vielfältigen Einrichtungen und Lebensweisen. Sie stellen eine Balance her für all das Abgeschnürt-Sein, all die Zurückweisung, die Ablehnung der körperlichen Intimität, der körperlichen Liebe und Einheit zwischen Mann und Frau.

All dies ist nun bereit für eine Neugeburt, damit Shiva und Shakti sich wieder vereinen, damit die freie Liebe, die Toleranz, die Natürlichkeit wieder gelebt – nicht im Versteckten, an dunklen Orten, sondern in aller Offenheit. Dies wird geschehen, dies geschieht mit dir und für all die Menschen und Wesen, welche dafür nun bereit sind. Kodoish, Kodoish, Kodoish Adonai `Tsebayoth.

Ich bin Adama mit dir vereint. Leuchtende Tempel werden entstehen, in welchen Paare sowie jedes Menschenwesen ihr Wohlergehen zelebrieren. In heilendem Wasser sich baden, in liebevoller Zweisamkeit sich berühren – ohne Schuld und Scham wieder lustvoll und sinnlich genießen. All dies ist momentan in eurem Leben, in euren Anlagen noch nicht möglich, doch es wird geschehen. Denn immer mehr, immer mehr steigt die Erinnerung an die Natürlichkeit auf, wird zelebriert, ohne Anzüglichkeit. Damit Frau wieder Frau und Mann wieder Mann denn wird.

So steigen die heilenden Frequenzen in deinen Kopfbereich, deine Wangenknochen, deine Augenhöhlen, deine Gehirnzentren, um alles entspannen, alles durchströmen. Damit durchlässig, immer mitfühlender, immer liebender wieder alles ist in dir. Alles findet sein Gleichgewicht, das Verstandesbewusstsein begibt sich an die richtige Stelle und die Kraft des Herzens, der göttlichen Liebe durchfließt dich wieder. All die Existenzängste jeglicher Art fließen heraus aus deinen Lichtkristallen, lösen sich auf, Om Tat Sat. Damit deine Ursprungsfrequenz mit all der Macht sich wieder verbindet – tief, tief in dich hinein, es geschieht in deinem Raum, in deiner Zeit.

Denn genau so ist es richtig, ist es dir vorherbestimmt, so soll es sein, so ist es, So ham.

Du bist nun verbunden, umgeben mit den smaragdgrünen Strahlen des Lebens in deinen Lichtkörpern, an deinem Erdentempel. Damit all dein Gleichgewicht, deine männlichen und weiblichen Kräfte sich ausbalancieren – dafür sorge ich, Jesus Sananda, Jesus der Christ.

Damit die Wahrheit deiner Seele ohne Anstrengung sich ergießt. Ängstige dich nicht, ruhe dich aus und lege dich hin. Wir bringen dir die Ordnung, geliebtes Kind, geliebte Schwester, geliebter Bruder – für dich und alle Familienmitglieder, denn so wird es geschehen, so ist

es für dich und für euch richtig und vorgesehen, so ist es, So ham.
All dieser Trost durchflutet dich. Tauche ein in den Klangepos aus den Audio-CD-Alben „Heilende Klänge": Die Quelle deiner Seele. Diese Kraft der Stille hüllt dich tief, tief ein, geliebte Seele. Wird dir all den Beistand hier auf Erden geben für all die Situationen, in welchen du bist, in welchen du warst, Om Tat Sat. Du wirst das Licht auf dem neuen Weg wieder erblicken, brauchst nichts lenken, dich nicht anstrengen. Denn wir die hohen Meister des Lichts führen dich und euch in eurer Gegenwart. Ich bin Jesus Sananda, das kosmische Licht. Bin mit dir und deiner Familie, der Familie des Lichts hinan tief verbunden, so ist es.
So lass nun geschehen, damit die Wunder in deinem Leben auferstehen. Bist nun wieder geöffnet mit all deiner Herzensliebe.

Ich umarme dich,
es ist alles getan,
zarte Seele.

Werde eins mit deinem Seelenpartner
Bad im Wasser des Lebens

Adama
Die Schwestern und Brüder der Priesterschaft

Wir begrüßen dich aus dem Lichte Lemurias, mit all der Hingabe, all der Ruhe, der Ent-spanntheit – dem Losgelöst-Sein. Damit dein eigenes, momentanes Angetrieben-Sein, all dein Suchen sich verwandelt, geliebte Schwester, geliebter Bruder aus alter, alter Zeit. Mit jedem Wort, mit jedem Atemzug, den du tust, baut sich das Licht des goldenen Lemurias um dich und in deinem Lebensraum sanft nun auf und hüllt dich ein. All der Druck, all dein Abgetrennt-Sein sich auflöst, Stück um Stück.
So heißen wir dich willkommen – Adama mit all den Schwestern und Brüdern, den Kindern der Priesterschaft schenken dir nun unseren Segen und unsere Aufmerksamkeit. Damit Erkenntnis für dein irdisches Leben, all die Kraft der Umsetzung und der Annahme dir gegeben wird, dir leicht fällt, göttlicher Mensch. Denn dies ist die Wahrheit: Erleuchtung auf allen Ebenen. Dein Christuslicht erstrahlt. All die Machtkämpfe, all die Bewertung „Bin ich besser oder bin ich es nicht? Warum ist momentan in meinem Leben Stillstand, Trübsal, Nicht-Fülle?" – all dieser hohe Druck in dir fließt nun ab.
Wir bitten dich, lass deinen Atem einfach strömen. Strenge dich nicht an. Wenn du dich ermüdet fühlst, deine Augen schwer werden, göttlicher Mensch, dann lege deine Hände auf die Zeilen dieses Buches. Lass dich tragen von den Tönen der Musik, welche dich

möglicherweise begleitet. Du wirst sanft gewiegt von den Klängen der Wirklichkeit, welche Luah`ya und Eno`ah mit dem Helferteam auf Erden für dich bereit gestellt. Damit durch die Liebe der Engel, die Meister, die Meisterinnen dein inneres Sehen, dein Schauen im dritten Auge geweitet und ausgedehnt wird. Damit über all die Klänge, all die Töne deine inneren Bilder aufsteigen und ein luzides Träumen entsteht. Vielleicht möchtest du tönen, Laute in deiner Gegenwart hervorbringen, die dich in neue Formen des Lebens begleiten und Veränderung herbeiführen. Vielleicht möchte dein Körper sich in feinen Nuancen dabei bewegen und sich zeigen. Er sendet dir Bilder, Gedanken aus allen Ebenen der Sinne und Beziehungen, damit du immer tiefer, immer tiefer wieder die Essenz, den Traumkörper deines Seins empfindest. Immer besser erkennst du, was dir das Göttliche, dein Quantengeist, dein Hohes Selbst auf dem Weg deines Herzens sagen möchte. Du bist geborgen in lichtvoller Energie, ohne Dualität erfährst du dich neu im Paradies von Lady Gaia. So ist es.

All deine Visionen verwirklichen sich. Prüfe in Achtsamkeit dein „Kleines Ich", die Persönlichkeitsebene, welche plappert und noch nicht in höchster Vollendung spüren kann, was die Wahrheit deiner Seele dir sendet.

Darfst nicht vergessen, dass dein eigenes höheres Licht im Kollektiv verbunden ist mit allen Menschen und Wesen. Sie repräsentieren dich und spiegeln deine Energiewellen, welche noch unerlöst, noch nicht wieder dem höchsten göttlichen Sein entspringen. Auch die Energie deiner Ahnen, die in deinen Genen gespeichert ist, lassen dich wie eine Marionette wandeln. Über dein Annehmen, dein Ankommen im Hier und Jetzt bei dir selbst entfesselst du eine große Kraft. Deine Heilung geschieht – in der Ich-Bin-Gegenwart. Denn Raum und Zeit sind nicht existent. Wisse: Zukunft und Vergangenheit heilen in der Gegenwart des göttlichen Seins alle Ebenen, die geheilt werden möchten.

Oftmals berührt dich dein Alltag in der dritten Dimension und nimmt dich gefangen. Dies erkennst du in Gefühlen der Angst und Begrenztheit: „Wie soll es werden, ich kann es mir nicht vorstellen? Ich hab nicht einen Plan, nicht ein Gespür." Genau diese Energieebene, diese irdische Pein ist gewollt, wird hergestellt von den Aufstiegshelfern aus der ätherischen Welt, damit Auflösung und Heilung von Symptomen, Tendenzen und Disharmonien erfolgt. Damit du, geliebtes Menschenkind, deine Engelanteile, deine Meisterkraft, dein höchstes Licht wieder herstellst. Damit auf allen Ebenen Herz und Verstand verschmelzen mit dir. Denn so wird es geschehen, so ist es richtig und für dich angemessen, für dich vorgesehen, so ist es – in Kodoish, so ist es, So ham. In Mono'To be schreitest du Hand in Hand mit uns voran. Herz an Herz. Licht in Licht.

Dieses Vibrieren, dieses Dich-Wieder-Spüren durchströmt deine Zellen, deine Gene ganz sanft. Die Organe, welche mit dem Licht aus unseren Tempeln aufgeladen werden, erstrahlen. Lass deinen Atem einfach strömen. Ängstige dich nicht. All diese Liebe, diese Wahrheit zirkuliert nun in dich hinein, in deine Chakren, deinen Prana-Kanal, deine Aufstiegsröhre. Denn genau so soll es sein, um alles herauslösen, was dir nicht mehr dienlich ist. Damit im Schutze von Gottvater und Gottmutter

dieser Schöpfermensch, dieses göttliche Wesen, welches du bist, sich weiter nun hingibt und fallen lässt. Loslässt seine Grenzen, die er sich selbst gesetzt.
Wir sprechen mit dir nun über Herzensbeziehung, über Seelenpartnerschaft im neuen Licht. So ist dein Herzenstortempel weit geöffnet. Ich, Seraphis Bay, welcher nun spricht, darf dich in das Tauchbecken mit hinein nehmen, dir im angenehmen Licht dein Wohlbefinden zeigen. Du bist bereit all die Sorgen und Schrecken, all die Zurückweisung aus diesem Leben und aus alter Zeit, welche du erfahren, göttlicher Mann von den Frauen, nun frei geben. In vielen Gesichtern kamen sie immer wieder in dein Leben. Heute ist der Zeitpunkt gekommen all dies nun loslassen – die karmischen Bande, die Eide und Schwüre, ebenso Verletzungen und Zurückweisungen, die Ehegelübde aus dieser Zeit und aus alter Zeit, welche du einmal gegeben.
Du wirst gereinigt im kristallinen Wasser, welches ich nun über dein Haupt dir gieße – frisch und klar, hell und rein. Bist mit deinem Beckenboden, mit deinen Füßen, den Beinen, bis zur Mitte deines Leibes im heilenden Wasser eingetaucht, ruhig und klar. Deine Membranen, deine Zellen und deine Organe öffnen sich sanft diesem kristallinen, lebensspendenden Himmelstanz, dem flüssigen Lichte, welches dich durchströmt, dich reinigt, erlöst und alles durchtrennt. Die Kraft der Engel umringt dich sanft und zart.
Im Bad des Wassers des Lebens. Am Abendhimmel still und zart. Damit nichts mehr wird geschehen, was an Schaden dir könnte sein.

Damit du als Shiva dich wieder deiner Dualseele öffnest im goldenen Mondschein und deiner Herzensliebe die Hände reichst. Ja, du bist bereit. So wird im Wasser des Lebens dein altes Seelenkleid, all die Begrenzung, deine Vorstellung – Nur so kann es sein, hab ich es gelernt, hab ich es übernommen von Mutter und Vater, von vielen Generationen, meinen Ahnen – all diese Muster werden heut, wie es für dich nun richtig ist in dieser neuen heilenden Zeit, durchtrennt und herausgelöst. Om Tat Sat, ja, du bist bereit als Shiva, als Mann der neuen Zeit deine Shakti, eine Frau wieder erkennen und anerkennen, ohne Druck, in all der Liebe, all der Ruhe, all der Gelassenheit. Denn so wird es geschehen – so ist es von Gottvater, Gottmutter für dich und euch richtig, ist es vorgesehen.

So reiche mir die Hände, geliebter Freund, lichter Bruder. Nach diesem reinigenden Ritual im goldgelben sanften Licht der Liebe, komme heraus. Kleide dich neu an mit sanften Gewändern, welche auf deiner Haut deine Chakren nicht beirren, ihnen wohltun. Fühle die Stoffe, den Zwirn auf deiner Haut. Nimm all die Leuchtkraft der Farben auf, welche dich umgeben. Fühle die Wärme, die Sanftheit auf deinem Körper, in deiner Seele, ganz zart. Diese Kraft wird nun immer mehr, immer mehr, Stück um Stück wieder frei. Dich spüren auf Erden hier. Dein Lichtfeld vereint sich wieder mit Shakti.

Erlaube dir dich niedersetzten, dich niederlegen, damit du wahrnimmst, wann die Rose des Lebens im heilenden Bade sich zeigt – so ist es, So ham.

So darf ich ebenso dich im Zeichen der Liebe, der Wahrheit und der Reinheit an den Händen nun nehmen, du zarte Blume, du Schmetterling des Lebens. Deine Göttinnen-Kraft in diesem Leben war ausgelaugt, auch etwas verblasst. Mit all der Ehrerbietung geleite ich dich nun in das zart duftende Wasser der Liebe. Schritt um Schritt steigst du hernieder, in all der Behutsamkeit gleitest du sanft hinein in dein neues, dich umfühlendes Leben. Damit all der Schmerz, all das Leid und die Übergriffe, welche einmal geschehen, verblassen. All die Verschlossenheit, Aggression und Wut in deinem Herzen, in deinem Bauchraum, in deinem Verstandesbewusstsein, in deiner goldenen Höhle, deiner Yoni, welche die Mutterkraft nun wieder bereit ist annehmen, werden nun geheilt. In deinem Rhythmus, in deiner Zeit beginnst du dich wieder sanft öffnen für Shiva, für seine Nähe und Zärtlichkeit. Für all seine männliche erlöste liebevolle nährende Kraft – Stück um Stück, ohne Druck, ohne Leiden-schafft, in Hingabe, in tiefem Vertrauen, in Freiheit und Offenheit. Ohne Scham und Schuld werdet ihr euch in Liebe vereinen. Nichts mehr muss, alles kann! Liebe ist!

Diesen Lebensbaum möchten wir heute in all dem Schutz der Engel, deiner Schwestern und Brüder, welche in diesem heiligen Ritual mit dir vertraut, in dir pflanzen – in deinem Beckenboden, in all deinen Körpern, auf all deinen Ebenen. Damit alles, was abgetrennt wurde in deinen Organen, all die Unterbindungen, welche du hast erfahren, hast geschehen lassen, auch selbst hast eingeleitet, sich regenerieren und rückverbinden. Damit deine feinstofflichen Organe sich wieder beleben.

Geliebte Seele, es geschieht, fürchte dich nicht. Lass dich umspülen von den sanften Wellen, welche dich regenerieren, dich durchströmen und in all deinen Kanälen zirkulieren – so wie es von Mutter und Vater im kosmischen Licht für dich richtig und vorgesehen nun ist. Ich bin bei dir, Seraphis Bay, dein Bruder, jetzt und hier. Ich schenke dir all die Geborgenheit, damit all dein Vertrauen, Mona`oha, für den heiligen Stand der Ehe, für diese Verbindung, sich einstellt. Shiva mit Shakti vereint auf Erden hier, dem blauen Planeten. Ja, du bist bereit dir dies erlauben in deinem Rhythmus, in deiner Zeit.

Reiche mir deine Hände. Die Liebe der Engel hält neue Gewänder für dich bereit. Spüre welche Farbe, welcher Glanz deinen Erdentempel einhüllen, ihn umgeben mag. Du kannst dich nun ganz sanft ausruhen, dich hinsetzten oder hinlegen, im Tempel der Liebe mit all den Aufstiegsfrequenzen dich niederlassen, geliebte Schwester. Brauchst dich nicht ängstigen, denn nichts geschieht, was du nicht mit deinem hohen Selbst, mit der Wahrheit deiner Seele vereinbart, bevor du auf Erden geschlüpft. So danke ich meiner Schwester, meinem Bruder, in diesem Leben bekannt aus alter, alter Zeit. Ich bin Seraphis Bay – ich verneige mich in Nawa`elamah, Shiva, Schechina, so ist es, So ham.

So bin ich, Adama, nun bei euch und darf euch Aufschluss geben. Ich weiß, in vielfältige Situationen werdet ihr gestellt in eurem Leben – beim Finden eurer Seelenpartnerschaft, beim Finden eurer Dualseele. Altersunterschiede bei Frau und Mann, bei Mann und Frau werden euch begegnen – sorgt euch nicht. Die vielfältigen Programmierungen, welche in euren Ätherkörpern, in euren Gedanken, in euren Herzen noch schwingen – all diese

Vorstellung, diese Festigkeit wandelt sich. Das Unvorstellbare möchte sich einstellen in deinem Erdenleben. Du wirst in Berührung gebracht immer mehr, immer mehr, Stück um Stück mit deiner eigenen höchsten Gottesmacht, deiner Schöpferebene. Doch, geliebte Schwester, geliebter Bruder, sie wird sich nur soweit öffnen wie deine Herzensliebe ohne Absicht in Hingabe und Frieden – dem selbstlosen Dienen ist erwacht. Damit zum höchsten Wohle von Allem-was-ist der Garten Eden auf dem blauen Planeten sichtbar wieder ist. Unser goldenes Licht Lemurias senkt sich hernieder, steigt auf aus dem Inneren der Erde und verschmilzt mit Lady Gaia, so wie es schon einmal war in vergangener Zeit, Lemuria.

All diese ewige Jugend, diese Schönheit, diese Verbundenheit wird aktiviert und erschaffen, über die Kraft deines Geistes. All die Annehmlichkeit, das Angenehme, das höchste Gute, das Schöne nimmt Einzug in deinem Leben. Alle Gewalt, alle Negativität, aller Vergleich wird sich auflösen in deinem Rhythmus, in eurem Rhythmus, in eurer Zeit. Diese Heilung, diese Wahrheit durchströmt all deine Körper, dein goldenes Herz. Die Begrenztheit löst sich auf, Om Tat Sat. Denn dies hat dich alt und grau auch gemacht: All dieses Streben, dieses Festhalten auf allen Ebenen, Raffen und Anhäufen, über die Materie dich definieren ist vorbei.

Sag: „Ja, ich bin bereit all diese Muster, diese Programme jetzt frei geben in die Hände meiner Schwestern und Brüder, in den Lichttempel der Transformation in Telos, in die Hände der Engel und ihre Anwesenheit hinein. Damit all die Dunkelheit sich auflöst in meinen Lichtkörpern, in meinem endokrinen System, der Zirbeldrüse, in

allen Organen des Hormonsystems, dem Hypothalamus, der Thymusdrüse und all den Organen, so wie es jetzt für mich richtig ist und vorgesehen. Weit, weit öffne ich mich für die Kraft der Engel-Ärzte, der feinstofflichen Helfer, welche alle Verschlüsse, alle Verwirbelungen in meinen inneren Ebenen, in meinem Erdentempel, in den Lichtkörpern nun vornehmen. Damit, so wie noch nie, sich alles einstimme, einschwinge, ganz sanft."
Es geschieht, so wie es für dich nun richtig ist und vorgesehen. Göttlicher Mensch, fürchte dich nicht. Denn immer mehr, immer mehr integriert sich all das Licht, die hohen Frequenzen, welche wir transportieren. Wann immer wir kommunizieren, wann immer wir uns verbinden, wann immer du aus deinem Erdenverstand hinübergleitest durch das Sternentor in die heilenden Tempel von Telos – geschieht Heilung.
Om Tat Sat, fürchte dich nicht. Dies ist die Wahrheit. Ich liebe dich. Spreche durch Luah`ya, unsere Seelenschwester und Eno'ah unseren Erdenbruder. Sie sind bereit ihren Platz wieder einnehmen. Damit all die Heilkraft für Mensch und Tier wieder wirksam sein kann in der Kraft des Kollektivs vereint mit all den Meistern, den Meisterinnen, der Sternenbruderschaft aus Raum und Zeit, der Liebe von Lemuria. All diese Kräfte sind für dich durch Luah`ya und Eno`ah bereit. Denn so ist es von Gottvater, von Gottmutter, von den Schöpferwesen nun anberaumt, ist es richtig und vorgesehen. Damit du erstrahlst in deinem Lichte, geliebter Bruder, geliebte Schwester, so ist es, So ham.
All die Unterschiede in deinem Denken, in deinem Fühlen einen sich. All die Tore werden sich öffnen in

deinem Leben, wann immer du in diesen kraftvoll Wirkungsstätten, in welche wir unser Licht senden, du dich aufhältst. In jeder Begegnung, es geschieht, in deinem Rhythmus, in deiner Intensität. Damit Herz und Verstand sich wieder einschwingen. All die Kargheit, der Minderwert, die Existenzangst lösen sich auf, immer mehr, immer mehr. Auch die machtvollen karmischen Bande auf Erden, werden wir ganz nah aus dir und dem Kollektiv all der Menschen und Wesen herauslösen und transformieren. So wie es richtig ist und vorgesehen. Damit all die Szenarien sich auflösen in deinem Leben und auf Erden, dem blauen Planeten.

Atme und öffne deine Lippen, damit all die aufgestaute alte Energie nun abfließen kann in das Feuer der Transformation. Denn wir sind bei dir in all der Freude, der Leichtigkeit, im goldgelben heilenden Licht, smaragdgrün, royal blau, zart rosa sich vereint – fließt über deinem Haupt, deine geöffneten Chakren in dich nun hinein. Alle Farben des Regenbogens, all die Frequenzen, welche du noch brauchst, kannst du gerne für dich vervollständigen. Dieses Farbenbad, diese Leuchtkraft füllt dich auf, deine Lichtkörper, deinen Erdentempel, deine Organe, die Zellen, dein Denken, dein Spüren. Mit dir im Einklang dich wieder fühlen, wieder sein auf Erden hier in deinem neuen Leben, als Shakti mit Shiva vereint. In all der Lebendigkeit, all der Verschmelzung. Damit die höchste Kraft des orgiastisch ekstatischen Lichts in euch hinübersteigt, euch durchströmt an jedem Tag, in jeder Handlung. Auch in deinem Sprechen nimmst du die Kraft der Sinnlichkeit wieder an, Om Tat Sat.

So freue dich. Sage: „Ja, ich bin bereit mir erlauben die Kraft Lemurias mit Atlantis vereint annehmen auf Erden hier. All die Möglichkeiten stehen für mich bereit, so wie es sich gut anfühlt in meinem Rhythmus, in meiner Zeit." All dies geschieht und ist geschehen gerade jetzt bei dir, ganz egal wann diese Worte aus unseren Ebenen übermittelt wurden und geströmt in diese Zeitlinie hinein. Alles geschieht immer im Hier und Jetzt. Deshalb wirst du auch immer besser erkennen, wenn deine Muster und Ängste befreit sind. Die Kraft des ewigen Lebens und der Verjüngung ist mit dir.

Ich bin Adama, in Liebe vereint mit Galacia, um all die Führung euch bringen. Die Kryon University, ein Bewusstseinszentrum der neuen heilenden Zeit, trägt die Lichtfrequenzen von Lemuria als goldener Erdentempel. Freue dich, sei mit dabei, schwinge dich ein. Wir lassen unseren Segen als Meisterpaar in eure Herzen, eure Lichtkörper nun hinein. Damit die Gnadenströme euch berühren, alles auflösen, alles heilen, was verschlossen noch war.

So ist es, So ham.

Empfängnis von Kindern der neuen Zeit
Was Kinderseelen sich wünschen

Lemurianische Lichtfamilie

Und so strahlt aus den göttlichen Höhen der erleuchteten Gesellschaft Lemurias das leuchtend, orange-goldene Licht nun in dich hinein, heißt dich Willkommen. Um dich einstimmen, dich vorbereiten für die tiefen Wahrheiten, die göttlichen Botschaften, welche dich nun erreichen, dich durchströmen durch all deine Körpern, auf all deinen Ebenen. Öffne deine Lippen, atme tiefer einige Male in dich hinein, damit deine Kanäle, deine Chakren sich nun öffnen, die Erinnerung, die Bereitschaft in dir aufsteigt, dich durchfließt.

Deine lemurische Lichtfamilie sendet nun all ihre liebevolle Aufmerksamkeit an die Begleitern von jungen Seelen – den Lehrern und Erziehern – und allen, welche in Hingabe, in Weisheit und bedingungsloser Liebe den Kindern an der Seite stehen. Schenken auch dir unsere Präsenz, unsere Anwesenheit, damit in der Energie der neuen Zeit deine Herzenswünsche als künftige Mutter, künftiger Vater in Erfüllung gehen.

In unserem Buch „Die Wahrheit deiner Seele", in einer der ersten Übermittlungen „Was Kinderseelen sich wünschen" haben wir bereits davon gesprochen, dass in eurer Gesellschaft, in den Strukturen, welche entstanden sind über viele Leben, Kinder oft als Mittel zum Zweck missbraucht wurden, um sich einen Lebenssinn geben, eine Aufgabe schaffen. Auch als Bindeglied zwischen Mutter und Vater waren sie dienlich. Doch in den wenigsten Fällen habt ihr die Kinder willkommen geheißen um ihren Willen, um für sie da sein, sie begleiten. Habt unbewusst eure eigenen unerfüllten Lebensträume auf sie projiziert, auf sie übertragen und sie somit manipuliert. Schon in ihren Kindertagen, in eurem Mutterleib über euer Sprechen, eure Bedenken habt ihr sie beeinflusst. Dies ist alte Energie, altes Verhalten.

Wir sind heute mit dir, mit euch vereint, damit all die Empfängnisbereitschaft, all die Offenheit wieder erblüht. Damit ihr euch in euren Ehen und Partnerschaften in Natürlichkeit liebevoll auf diese neue Seele vorbereitet. Eure unbewussten Muster und wahren Wünsche, welche dahinter stehen ein Kind empfangen, werden hochgespült und liebevoll angeschaut. Damit all die Bewusstheit in diesem neuen Leben auf Erden hier wieder aufsteigt über dich, über euch, sind wir hier.

Denn mit jedem Wort, welches in dich gelangt, wirst du informiert, werden diese Natürlichkeit, diese dir innewohnende Kraft und Weisheit aktiviert – in deinem Beckenboden, deinem Bauchraum, in deiner Schaltzentrale, deinem Kopfbereich. Damit die Sprache des Herzens, die Wahrheit deiner Seele wieder aufsteigt.

Wenn du mit deiner Partnerin, deiner Ehefrau, deinem Partner, deinem Ehemann ganz bewusst spürst „Es ist unsere Erfüllung einer Seele das Leben und die Erfahrung schenken und auch umgekehrt von diesem hohen Lichtwesen lernen und annehmen" – dann bekundet eure gemeinsame Absicht. Entzündet eine Kerze, schafft euch ein Ritual, um euch den Segen für eure Empfängnis aus den geistigen Ebenen, aus Lemuria, aus dem Lichte der Engel, von euren hohen Selbsten annehmen.

Sprecht dabei gemeinsam und jeder für sich. Blickt euch tief in die Augen, die Fenster eurer Seele. Haltet eure Hände. Sitzt euch auf dem Boden gegenüber. Als Zeichen dafür, dass ihr diese hohen Kräfte auf die Erde bringt in eurem Leben, für euch selbst und für die Kinderseelen, die Kinder, welche in euer Leben gelangen.

Dann lasst eure Intuition fließen, lasst geschehen. Öffnet eure Lippen und atmet den göttlichen Strahl, den Segen in euch hinein. Fühlt dieses Wieder-Verbunden-Sein, dieses große heilende Feld, diese kristalline Licht-Liebes-Energie, welche euch durchströmt. Dann sprecht mit eurem Kind, nehmt Kontakt auf und teilt mit ihm eure Freude, eure Liebe über sein Herniederkommen in euer Leben. Entspannt euch, damit die Kommunikation, der Austausch ins Fließen nun kommt, euch durchströmt.

Dieses heilige Ritual, diese Einstimmung, die Kontaktaufnahme, welche nun begonnen hat mit eurem Kind, mit der Seele des Lichtwesens, welches in euer Leben hinabsteigt, vollzieht ihr einmal in der Woche ganz bewusst und klar. Nehmt euch Zeit und Raum, um euch hinwenden an einem Ort eurer Wahl, an dem ihr wohlig und behaglich seid, euch einkuscheln, euch lieben und vereinen könnt. Damit, wenn der Zeitpunkt gekommen ist, ohne Plan, die Energie-Tore geöffnet sind, das Lichtkind in der Physis, im Mutterleib herniedersteigt. Im höchsten göttlichen Licht, in Natürlichkeit, ohne Druck, ohne Qual, in all der Entspanntheit, der tiefen Liebe, welche Vater und Mutter über ihre Körper und Herzen durchleben, sie durchströmt.

Dieser heilige und heilende Akt „Eltern werden – Eltern

sein" ist aus den Ebenen des Lichtes, aus den Ebenen der lemurianischen Schwestern- und Brüder begleitet. Wir unterstützen dich in deinem Erwachen, bei der Wiederannahme deines neuen Lebens auf Erden hier in vielfältiger Art.

Bei jedem bewussten Hinwenden, jeder Einstimmung sitzt ihr euch gegenüber. Nehmt auch an den Händen und blickt euch selig in die Augen. Damit sich über euer Kronenchakra, eure goldenen Herzen und euren Unterleib die höheren Sinneswahrnehmungen euch eröffnen. Ihr seid dann in Kontakt mit der Seele des Erdenkindes, welches ihr empfangt in eurer Zeit. Klärt all das Unbewusste, welches euch gefangen nimmt, euch abtrennt von dieser tiefen, lemurianischen Weisheit, dieser Liebesweise, diesem Umgang. Sprecht in Achtsamkeit und Wertschätzung nach diesem Ritual mit einander – Wie erwachte Liebende, die auch Sorgen, Unstimmigkeiten und Ängste miteinander teilen und aussprechen, was sie bewegt. So harmonisiert ihr euch für den gemeinsamen lichtvollen Weg des Herzens.

Es ist mir ein großes Anliegen den Müttern in ihr Bewusstsein, in ihr Herz nun legen: Die schwarze Farbe auf deinem Mutterleib ist nicht erhebend, schneidet ab, spiegelt aus deinem Unbewusst-sein deine Gefühle, dein Befinden. Die Lichtkinder, welche auf Erden schlüpfen, kommen aus allen Farben des Regenbogens, aus kristallinem Ton – möchten auch dem gemäß begrüßt und eingehüllt sein. Ich sage euch, dies ist von großer Bedeutsamkeit! Beginne den Mutterleib mit Farben, mit lichten Geweben durchströmen und kleiden. Der göttliche Segen, die Unterstützung fließt in großem Maße in dich hinein, so ist es, So ham. Kodoish, Kodoish, Kodoish Adonai.

Wir sind heute über unsere Schwester Luah'ya und unseren Bruder Eno'ah mit euch vereint, um all die Unterstützung, all den Beistand, all die Offenheit in dir wieder frei legen. Denn dies ist die Ebene der Göttlichkeit, eines erleuchtet, erfüllten Lebens, welches hier auf Erden Einzug nimmt über dich – immer mehr, immer mehr.

So strömt nun das orange-goldene leuchtende Licht, welches dich umspült, dich anfüllt und erhebt, dich reinigt und stabilisiert – in dein Beckenboden, deinen Unterleib, in deinen Aufstiegskanal, in dich hinein. In all der Leichtigkeit und Transparenz, der Intensität, welche für dich und für euch nun angemessen und vorgesehen, euch dienlich ist. Auch in all diejenigen, die den Glauben an die Empfängnis eines Kindes in diesem Leben verloren haben.

Als eure Schwestern und Brüder in bedingungsloser Liebe vereint – in Elexier, Elexier, Elexier der Wirklichkeit reichen wir euch liebevoll die Hände, nehmen euch in unsere Arme. Damit die Schatten der Vergangenheit, all die Disharmonie, das noch nicht Erlöste in eurem Leben sich transformiert, sich verwandelt – ohne Druck in deiner, in eurer Zeit.

Und so sagen wir:
„Kodoish, Kodoish, Kodoish Adonai `Tsebayoth.
So ist es, So ham – im göttlichen Gruße als deine lemurianischen Schwestern und Brüder vereint."

Erlösung und Entbindung des Ahnenkarmas
Familienstrukturen gereinigt und geheilt

Kryon und sein Helferteam

In Behaglichkeit, in Ruhe und Ausgeglichenheit heißen wir dich willkommen und sind nun ganz sanft mit dir vereint. Wir möchten dir Erlösung schenken für Neugeborene in den Familien hier auf Erden, welche herniedergestiegen aus dem höchsten Licht, damit sie befreit von all der Verflechtung der Ahnen ihren Lebensweg beginnen. Wir wirken mit dir, damit sie frei von all der Krankheit, all dem Leid aus diesem Leben und aus alte Zeit ihr Sein zelebrieren. Alte Bande der Ahnen, welche in den physischen Körpern, in den Lichtkörpern der Familien gespeichert sind, werden gelöst. Wir geben dir all die Unterstützung, das Geleit, damit Verwandlung und Erlösung geschieht auf diesem neuen heilenden Planeten, Om Tat Sat.
Aus dem Gruppenbewusstsein sprechen wir durch die Herzensliebe von Soraia Luah'ya und Sethja Eno'ah. Wir sind nun bei dir, werden dich an deinen Händen nehmen, um dich tiefer hinab auf den Grund der Wahrheit deiner Seele nun führen. Alles, was du als Kind und als erwachsener Mensch erfahren hast in deiner Familie – die Nachrede, die Beklommenheit, das nicht Gesehen- und Gehört- Werden – steigt ganz sanft auf in deiner Erinnerung. Erlaube dir all den Raum, all die Zeit, damit Bilder und Visionen, Geschehnisse aus diesem und vorangegangenen Leben sich materialisieren in deinem Verstand, in deinem Herzen. Göttlicher Mensch, ja, du

bist bereit empfangen, empfangen das Gnadenlicht der Wirklichkeit, damit deine Zellen, deine Lichtstrukturen, die Organe und Gene durchstrahlt, erlöst, gereinigt und geheilt nun werden.
Damit all die Suchtsymptome, all die Abhängigkeit, all das Suchen sich verwandelt in Finden – dich finden und spüren im Lichte der neuen Zeit. Damit du all die Zusammenhänge erkennst, die Muster, welche in den Familien gelebt. Wir aus dem Lichte der Ahnen sind nun für dich bereit, damit die Wunder, all die Erlösung geschieht, Om Tat Sat, göttlicher Mensch.
Ja, du bist bereit alles freigeben, in deinem Rhythmus, in deiner Zeit. All die Strukturen der Arbeitswut und der Arbeitsbesessenheit lösen sich auf. Häuser bauen, immer wirksam sein, alles hegen und pflegen, damit ein gutes Bild nach außen entsteht – diese Zeit ist vorüber. All diese Aufopferung, welche du getragen sowie all die Auswirkungen, welche daraus entstanden sind über viele Leben in den Familienstrukturen, in den karmischen Banden, werden wir heute in liebevoller Zusammenarbeit mit dem Licht der Engel, den hohen Selbsten aus den Ebenen der Ahnen für dich befreien – so wie es richtig ist und vorgesehen, du Meisterin, du Meister der neuen heiligen Zeit.
Bis in die höchste Ahnenreihe wird diese Heilung, dieses Wunder geschehen. Missbildungen, Zell- und Gendefekte werden wir in Behutsamkeit korrigieren. Das Feld der Engel-Ärzte ist liebend bei dir, um dich einhüllen, dich beherbergen – jetzt und hier.
All die Farben strömen nun in deine Chakren und in deine Zellen. Das heilende Licht von Erzengel Raphael

und Mutter Maria ist mit dir. Es strömt ein, um dich anfüllen, dich hüllen in die Liebe der Wirklichkeit, in Elexier, Elexier – es geschieht. Denn genau so soll es sein. Atme, öffne deine Lippen. Damit du in all der Gewissheit, all der Klarheit spürst, wie sich all die Strukturen auflösen bei dir und in deiner Familie – jetzt und hier. Damit die Schöpferebenen, dein kristallines Licht sich befreit. Mona'oha – vertraue, es geschieht, denn wir sind bei dir. Über die Kraft des Herzens spürst du diese Wahrheit, welche wir dir senden, welche fließt durch Soraia Luah'ya mit Allem-was-ist vereint.

Wir lieben dich, sind ganz nah bei dir, damit Schmerz und Leid sich erfüllt haben. Im Klang der neuen Zeit spürst du wieder all die Farben. Dein drittes Auge öffnet sich in Leichtigkeit. Deine Antakarana, die Regenbogenbrücke, die Seele und Körper verbindet, aktiviert sich. Die Saatkristalle, die Zirbeldrüse werden liebevoll und sanft stimuliert, damit der Funken des ewigen Lebens erblüht in dir. Denn diesen Samen hast du mitgebracht, trägst du in dir. Und so öffne weit dein Herz und dein Halszentrum gemäß deiner Intuition, einfach so wie du es über die Wahrnehmung deines Körpers spürst.

Geliebtes Kind, wir sprechen zu dir als deine Mutter oder als dein Vater, dein Großvater oder deine Großmutter und als all die Ahnen in ihrer Verflechtung, welche du freigegeben, welche bereits hinübergegangen in die lichten ätherischen Ebenen. Ich blicke dir in die Augen. Alles ist so nah, du wirst es erleben. Diese Wahrheit, diese Kraft der Worte verankert sich tief, tief in dir, damit wir miteinander wieder sprechen, uns wieder spüren. Die Kraft der Ahnen, welche all die Erlösung in sich trägt,

spricht heute mit dir.
So strömt aus deinem Basisfundament, deinem Prana-Kanal, deiner Aufstiegsröhre, all die Befreiung. Es geschieht, göttlicher Mensch, brauchst dich nicht anstrengen, denn wir sind bei dir.
Damit die Traumata, welche dich, deine Familie, dein berufliches Feld noch blockieren – damit all dies, so wie es richtig ist und vorgesehen für diesen Zeitpunkt in deinem Leben jetzt und hier – sich verwandelt, entbindet und transformiert. Nion – der Kristall der Entbindung ist mit dir.
Wenn dich ein Schwindel oder eine tiefe Müdigkeit berührt, so fürchte dich nicht. Wir sind bei dir, hüllen dich ein – die Engel-Ärzte, die Techniker der neuen Zeit – um an deiner Lichtstruktur all die Auswirkung, all die Veränderung vornehmen, so wie es für dich richtig ist, angemessen in deiner Intensität, in deinem Rhythmus, in deiner Zeit. Aus dem Lichte der Ahnen, dem Stammbaum, welcher in deiner Familie besteht, wirken wir an dir.
Friede sei mit dir, Tara'dos. Auf allen Ebenen bist du gereinigt, entbunden, erlöst und geheilt. Die Liebe der Ahnen ist mit dir. So bitte ich dich als Soraia Luah'ya jetzt und hier: Gehe nicht in dein Denken. Erlaube dir Zeit, einige Stunden, auch einige Tage, damit all die Emotionen auch Bilder aufsteigen, Erinnerungen wach werden. Damit in all deinen Körpern diese Heilung sich ausdehnt, sich vollzieht, göttlicher Mensch, geliebte Schwester, geliebter Bruder – in Wahrheit, im Lichte der neuen Zeit vereint.
Ich danke dir, sage An'anasha für dein Vertrauen, deine

Offenheit. Ich bin bei dir, bei allen Stürmen und bei Sonnenschein, denn nichts lässt uns auseinanderbrechen, nichts mehr verhindert die Einheit der Herzen. Ja, wir nehmen unseren Platz wieder ein.

So ist es in Kodoish Adonai, So ham.

PARTNERSCHAFT, LIEBE UND SEXUALITÄT

Kapitel 5
Aus dem Leben von Christina Soraia

Kindheitserinnerungen
Die Zeit ist gekommen,
deinen Platz wieder einnehmen

Christina Soraia Luah'ya

Ich bin aufgewachsen mit einem Vater, welcher meine Mutter und uns Kinder in allen Lebensbereichen dominierte. Er gab den Ton in unserer Familie an. Überall hatte er die Führung übernommen und Maßstäbe gesetzt. So wie er es selbst in seinem Elternhaus von seinem Vater erfahren hatte. Als Ausgleich dafür, hatte sich meine Mutter untergeordnet und sehr zurückhaltend gelebt. Meistens angepasst, um den lieben häuslichen Friedens willen, hatte sie alle Emotionen in sich hineingefressen. Dies zeigte sich über Pölsterchen an ihren Hüften im Bereich des Solarplexus und des Sakralzentrums.
Bei mir selbst hat dies bewirkt, dass ich immer auf meinen Bauch achtete und mich in meinem Körper nie wohlgefühlt hatte. Über die Hälfte meines Lebens hatte ich mit eingezogenem Bauch gelebt. Dieses Muster, welches ich von meiner Mutter übernommen, sich in mir eingegraben hatte, war sehr tief. Es führte in eine absolute Ablehnung des eigenen Körpers und ich konnte mich selbst nicht mehr spüren.
Als Lichtkind in einer eher dunkleren Zeit, hatte ich in dem kleinen Dorf, in dem ich lebte, meine eigene Überlebensstrategie entwickelt: Ich konnte wählen zwischen der vorgelebten Schablone meiner Mutter und der meines Vaters. Ich wählte schon sehr früh als Kind die Dominanz meines Vaters. Entschied mich für den Kampf und

die Kontrolle über alles um mich herum und habe auf meine Art, genau wie mein Vater, schon sehr früh den Ton angegeben. Unbewusst und subtil hatte ich meine Umgebung dominiert und manipuliert. Viele Muster und Programme hatten sich in dieser Zeit entwickelt, die mich scheinbar schützten und im wahrsten Sinne des Wortes – überleben ließen. Bereits als Kind waren die Engel an meiner Seite, die mir Schutz und Geborgenheit schenkten. Sie nahmen mich in schwierigen Zeiten an die Hand. Dabei folgte ich den Impulsen, die sie mir gaben und habe immer das getan, was ich spürte – was in meiner Wahrnehmung auftauchte. Ich habe immer aufbegehrt, nie gemacht, was man von mir erwartete. Die Nähe von Gott Vater, Gott Mutter und Jesus Christus habe ich immer gespürt. Wenn ich mich hilflos fühlte, habe ich sie im Gebet um Hilfe angerufen. Denn ich wusste schon sehr früh, dass ich einmal Menschen helfen und heilen werde mit Hilfe der geistigen Welt.

In dieser schweren Zeit, in der ich mit Ausdauer, Mut und Kraft um mein Überleben kämpfte, lernte ich mich immer besser wahrnehmen und kennen. Besonders durch Disharmonien und lebensbedrohliche Krankheiten, die ich entwickelte. Sie halfen mir den rechten Weg finden und waren wie Medizin, die mir den Heilungsweg zeigten. Heute bin ich meinen Eltern dankbar, sie haben mir das Beste für mein Leben mitgegeben, damit ich erwachen konnte.

Mit all den durchlebten Erfahrungen wandelte sich immer mehr mein Bewusstsein. Ich durfte tiefe Einsichten nehmen in meine unerlösten Aspekte, unerlösten Energien und karmischen Verflechtung, welche ich in diesem Leben übernommen hatte, um sie aus all meinen Körpern, all meinen lichten Ebenen transformieren. Dies geschah in meinem Rhythmus, so wie es mit meinen höheren Schöpferebenen, meinen ätherischen Seelenanteilen richtig und vorgesehen war.

Heute weiß ich: Alles, was mir im Leben widerfahren ist, war genauso richtig. Tiefe Dankbarkeit und bedingungslose Liebe kann ich heute meiner Familie und meinen Dorf schenken. All den Menschen, die mich verletzt und missbraucht haben. Durch das, was ich über sie erfahren habe, konnte ich dieser Mensch, dieses Wesen, das ich heute bin, werden. Sie waren meine Lehrer und boten mir genau dieses Feld der Erfahrung, damit ich dich hier und heute mit meinem Seelenpartner, meiner Zwillingsseele Sethja Eno'ah, begleiten darf und du dich erkennst und erwachst als ein Menschen der neuen Zeit.

Denn wir sind miteinander vereint. Wir spüren dich und kennen deine Muster und Verhaltensweisen, all das Unerlöste, das sich befreien möchte. All die Erinnerung an deine Kinderzeit, all der Schmerz, all die Verzweiflung, all die Unsicherheit in deinem heutigen Leben. Diese Energien beginnen aus deinen Chakren, aus deinen Lichtkörpern nun aufsteigen in das heilende Feld des großen Geistes, der Geistführer, der Engel der Transformation. Sage: „Ja, ich bin bereit für ein neues Leben in Liebe und Frieden, eins mit mir Selbst entfaltet sich Reichtum, eingehüllt in das Bewusstsein der Wahrheit meiner Seele, auf allen Ebenen meines Seins."

Atme und lass dich fallen, geliebte Schwester, geliebter Bruder, Engel auf Erden in deinem menschlichen Kleid. Spüre deine Schmerzen, die Seelenqualen – in all der

Behutsamkeit werden sie nun befreit, strömen aus deinen Zellen, aus deinem Unterbewusstsein. Damit all das Erlösende, welches für dich bereit ist, du nun spüren, du wieder annehmen kannst. Damit du all das Positive wieder entdeckst. Damit du dich reinigst, entbindest, erlöst und heilst in liebender Zusammenarbeit mit dem Licht der Engel, dem hohen Selbst in Kodoish, Kodoish, Kodoish Adonai – es geschieht.

Ja, du bist bereit weitergehen, dich erheben in dein ganzes Wahrnehmen – deine klare Bewusstheit, deine göttliche Macht und bedingungslose Liebe, dein ganzes Licht, deine Seelenfrequenz, welche du im Himmel und nun auf der Erde immer mehr, immer mehr wieder bist. Ich bitte dich in all der Sanftheit, verurteile dich nicht. Nimm wahr deine unerlösten Strukturen. Sie steigen auf, erhellen sich im Nebel des neuen Lichtes. In alter Zeit war die Kraft der Verurteilung, der Bewertung, des Schlecht-Fühlens, des Nicht-gut-genug-Seins in vielerlei Ebenen gang und gebe. Doch heute bewegen sich göttliche, wahrnehmende Menschen in ihre Authentizität, erwacht in das höhere Bewusstsein vorhandener Dimensionen – in ihrer Klarheit allumfassend, Stück um Stück, ohne Druck, in ihrer Raum-Zeit.

Vorbei ist die Zeit, in der du immer in Hab-Acht, immer auf dem Sprung gewesen bist. All dieses Verhalten – du spürst es kaum – diese Kontrolle, dieses Erziehen als Fürsorge und Hilfsbereitschaft getarnt, all diese unerlösten Energien, dieser Druck in deinem Herzen, in deinem Bauchraum, in deinen Gedanken spülen wir heute weg. Wir befreien diese dunklen Schatten bei dir, aus deinem Erdenkörper – Mona`oha, traue uns und traue dir. Eine

neue Zeit ist für dich angebrochen.
Sage: „Ja, ich bin bereit. Ich lasse mich nicht mehr unterjochen und manipulieren." Strukturen der Angst, der Unmündigkeit lösen sich auf bei Frau und Mann und in der Partnerschaft. Deine ur-eigenste Kraft, das Pradna, steigt wieder auf. Damit all die Vermischung, all die Abhängigkeit, all die Manipulation aus diesem Leben und aus vielen Äonen der Zeit sich wandeln – sehr schnell, göttlicher Mensch. Denn du hast „Ja" gesagt, schon vor langer Zeit, wirst erwachen und auferstehen in deine eigene Göttlichkeit.
So habe ich anerkannt, darf das Gute sehen, welches ich erfahren habe in diesem Leben. Ich darf wandeln all das Feste, all die Energien, welche aufsteigen, wenn ich mit dem alten Lebensfeld in Berührung komme. Darf lächeln und manchmal weinen. Doch es ist richtig, läuft durch mich hindurch. Immer tiefer, immer höher wird das Friedenslicht in mir und erklingt. Denn ich weiß, wer ich bin.
Ich darf mir erlauben Zeit mir nehmen, alles entdecken, alles probieren. Die Illusion, welche sich versteckt, genau wie in deinem Leben, darf sie erlösen immer mehr, immer mehr. Wir gehen Hand in Hand, Stück um Stück in das gelobte Land. Die Zeit kehrt wieder auf Erden hier. Der himmlische Friede, der heilende Geist befreit dich, berührt die Wahrheit deiner Seele.
Lass dich fließen, lass dich tragen, geliebtes Menschenkind. Verstecke dich nicht. Alles steigt nach oben, fürchte dich nicht. Wir alle sind bei dir, um Beistand und Unterstützung dir geben. Wende dich an vertrauensvolle göttliche Menschen, Meisterinnen oder Meister in deinem

Leben. Auch wir gehen gerne an deiner Seite, wenn du erlaubst.

Mit neuen Augen wirst du fühlen und erkennen: Alles musste sich genauso darstellen in deiner Familie, in deinem Leben. Denn immer ist geistiges Erwachen, dein Auferstehen, dich lösen von all der Materie der Nährboden, um wahrlich als Engel auf Erden im höchsten Geiste dich wieder bewegen.

Der goldene Fluss, welcher dich in deinem Inneren laben wird, diese Quelle versiegt nie mehr. Und diese Wahrheit, diese Schöpferkraft durchströmt alle Ebenen deines Lebens. Dies ist Aufstieg, dies ist Verwandlung, dies ist transzendieren.

Gelobt seist du, geliebte Seele, gelobt seist du jetzt und hier. Ich möchte dich nun einladen in dein Herz, in deine Liebe für deinen Vater, deine Mutter – deine Erdenfamilie – Geschwister und Kinder, Freund und Feind, welche dir diese Bahn haben geholfen ebnen. Damit die Leichtigkeit, all die Freiheit sich einschwingt in dir. Die Kraft der Vergebung, der Annahme von „Allem-was-ist" momentan sich weiter ausdehnt, sich verbindet mit dir. Denn all der Ausdruck in all den Rollen, welche du noch spielst momentan, dies ist nicht dein wahres Sein. Doch du wirst transformiert im Lichte der neuen, heilenden Zeit. Wirst auf Erden wandeln, ganz unbeschwert, wirst alles tun wie in alter Zeit. Denn große Wellen der Veränderung stehen für dich und die Menschheit bereit. Du trägst deinen Teil bei. Erkenne und spreche: „Ja, ich bin bereit – ganz nah, ganz nah geschehen diese Erfüllungen."

Gewiegt und tief geborgen, losgelöst von all der Vorstel-

lung in deinem Verstandes-Bewusstsein, wahrnehmend wirst du neu geboren – heute, nicht morgen. Wirst die Welt erblicken im neuen goldenen Schein. Dies sind die Dimensionstore, die Sternenportale, die weit geöffnet für dich sind. Trete ein im lichten Schein der Wirklichkeit, Om Tat Sat, Meister mit der Meisterin auf allen Ebenen wieder vereint.
Nun ist es möglich, dass du dich erschöpft fühlst. Darfst dich hingeben, brauchst nicht stark sein. Lausche deinem Körpergespür. Dies ist deine Stärke, die Stärke eines Menschen der neuen Zeit. Nicht aufgesetzt, nicht manipuliert. In Glückseligkeit und Neutralität nimmst du wahr, zelebrierst dein Leben hier und jetzt.
Immer mehr, immer mehr öffnet sich der Himmel auf Erden für dich. Ich segne dich, wir segnen dich – sind bei dir, mit den Ebenen des Lichtes als Christina Soraia Luah`ya mit ihrer Zwillingsflamme Roland Sethja Eno'ah.

    Mit Allem-was-ist wieder vereint.

Ein neues Bett
Toleranz, göttliche Liebe, Wertschätzung und Freiheit

Christina Soraia Luah'ya

Das neue Lebensumfeld ist sehr heilsam. Ich darf Strukturen aus der alten Welt erkennen, die mit Emotionen verbunden sind, wie Fassungslosigkeit, Wut und Ärger. Denn das gewünschte Zusammenleben mit unseren Kindern, Johanna Maria Lanah`ma und René Pierre, bringt wahrlich alles hierher, was unserer Wahrnehmung und Erlösung dient, auf unserem Weg in die neue Zeit. Sie zeigen uns ganz genau ihren Umgang, spiegeln uns ihre Selbstverständlichkeit. Mittlerweile kann ich mich fragen: Was wollen sie mir sagen, was darf ich erkennen an mir? Es ist eine Schule, ein Übungsfeld für mich und unsere kleine Familien-Gemeinschaft. Ich kann mich verschließen oder offen sein, experimentieren und sehen, was geschieht. Damit die Wahrheit meiner Seele, all mein göttliches Sein aufsteigt in mir. Ich bin dankbar, dass dieses gemeinsame Heilungsfeld neue Dimensionen der Liebe, Achtsamkeit und Wertschätzung getragen von bedingungslosem Elexier, heilender Liebe, erlebt. Dafür sage ich vollen Herzens meinen Dank, mein An`anasha, an alle Wesen, die in diesem Heilungsfeld sich befinden.

Toleranz, göttliche Liebe, Wertschätzung und Freiheit für jeden Menschen, so wie er ist – wahrlich das kann ich üben, an diesen wundervollen Ort, in meinem neuen Lebensfeld, in das ich mit meiner Familie gezogen bin.

Als Avatar hier auf Erden, mitten drin in einer neuen Umgebung, werde ich mit vielen unerlösten Energien, Strukturen aus meinen inneren Ebenen in Berührung gebracht. Wie gehe ich damit um? Was macht diese unbewusste, in mir integrierte, noch wirksame Kraft? Wie eine Depression, eine tiefe Trauer, ein Nicht-lebendig-sein – dies sind Begleiterscheinungen an manchen Tagen und bereiten mir tiefe Pein.

Ich werde ganz auf mich zurückgeworfen, in meinen Ursprung wieder hinein. Denn ich gehe voran, zeige den Menschen den Weg. Ja, dies möchte ich tun, tue ich im lichtvollen heilsamen Reigen der Strahlen des Regenbogens. Ein Avatar der neuen Zeit, eine Meisterin, ein Meister schreitet voran, zeigt die Lösungen, ist sich nicht zu gut für den göttlichen Plan. Führt alles selber aus, damit es begreiflich wird, das Unsichtbare greifbar, erlebbar und anwendbar in deinem Leben, da wo du momentan bist, göttlicher Mensch, geliebte Schwester, geliebter Bruder im Licht.

Ein neues Bett sollte es sein. Endlich nach langem Hin und Her haben wir die richtige Möglichkeit gefunden: Das Exemplar – hell weiß, formschön im Design, in runden lemurianischen Formen. Auch nicht zu breit, damit die richtige Nähe, der Körperkontakt sich einstellt in der Nacht und auch des Tages, wenn wir miteinander verweilen, getragen immer mehr, immer mehr von natürlicher befreiter Nähe und Liebe.

Ich war innerlich und äußerlich darauf vorbereitet etwas in Aktion bringen, wollte handwerklich tätig sein. In dieser Freude wollte ich im Miteinander mit meinem Herzenspartner Eno`ah, gemeinsam vereint, dies voll-

bringen. Das Vorhaben hat eine innere Freude, ein inneres Licht, ein gemeinsames Verbunden-Sein mich spüren lassen, ganz sanft, ganz fein und doch so tief und nah.
Denn die Ruhestätte, das Bett, ist für viele Menschen ein Ort der Begegnung und der Liebe. Man sagt: „Wenn das Bett, der Schlafraum behaglich und neu sich gestaltet, dann klappt es auch mit der Nähe, dem körperlichen Vereinen, dem Miteinander in Liebe und dem tief Verschmolzen-sein". Wenn das so einfach wäre.
Warum krankt die gesamte Menschheit immer noch, seit Äonen der Zeit, an Trennung, an Nicht-Liebe? Warum kann sie Liebe in ihrem Ursprung nicht annehmen und aushalten? Liegt es daran, dass Patriarchen über Jahrtausende Schuld und Scham erweckt und für ihre Zwecke benutzt haben? Oder daran, dass die Scham von Religionen und dem Kollektiv manipulativ eingesetzt und verankert wurde? Machtmissbrauch und Manipulation ist zum gesellschaftlichen Spiel geworden – mit dem Ursprung Menschen zu versklaven und sich ihrer freien Energie zu bemächtigen. Ohne es zu bemerken, ohne Hinterfragen haben wir über unsere Ahnen, unsere Eltern diese unnatürliche manipulierende Alltagsrealität übernommen und mehr in Leid als in Freude gelebt. Haben nicht mehr gespürt, wer wir sind. Wir haben angenommen, was diese menschliche Welt uns glauben machen möchte. Doch diese Zeit ist nun vorbei. Das Licht der Liebe erstrahlt in neuem Glanze unser Universum. Die Wahrheit der Seele erfährt sich im Schein der göttlichen Strahlen. Immer mehr Menschen folgen dem Weg ihres Herzens und du bist mit dabei.
Ängstige dich nicht. Wir lernen damit umgehen unseren

Erdenkörper wieder angleichen in die Schwingung der neuen Zeit. Die dicken Mauern in uns selbst hielten dieses hohe Licht fern, diese Liebesfrequenz, welche auf der neuen Erde einstrahlt, sich ausdehnt Stück um Stück. Die Kraft der Liebe erlöst sich in Shiva und Shakti, deinem göttlichen Sein. Damit auch du den Höhepunkt in der Ekstase der aufsteigenden Kundalini-Energie sinnlich wieder spürst und erfährst.

So wollten wir, Eno`ah und ich, Luah`ya, das neue Bett gemeinsam abholen. Doch dann kam es ganz anders. Eno'ah fragte seinen Sohn René Pierre, ob er ihm beim Transport helfen könne – und so geschah es dann auch. Diese veränderte Situation brachte in mir einen tiefen Schmerz, eine Trauer, ein altes Leid hervor. Ich habe über mich erkannt: Liebe, konnte ich an diesem Zeitpunkt schwer aushalten. Zu viel Nähe macht mir Angst. Dieses unbewusste, alte Energiemuster in mir, in meinen Lichtkörpern ließ mich manchmal monoton leben. Ließen mich nicht durchatmen und immer die Kontrolle bewahren.

Für mich fühlte es sich an wie eine Zurückweisung, ein Nicht-spüren der Wichtigkeit, mit welcher ich gemeinsam mit meinem Herzenspartner vereint unser neues Bett an unsere Wohnstätte bringen wollte. Dabei ist das einfache Verändern der Situation ein Attribut, ein Aspekt der neuen Energie auf dem Planeten in dieser Zeit, dies ist Wahrheit. Doch was mach ich mit mir, mit meinem Schmerz, er strömt heraus. Dicke Tränen – kann mich nicht mitteilen und bin wie gefangen in mir. Möchte weinen und möchte schreien, geballte Energie steigt auf in mir. Der Tränenfluss hört nicht auf. Ich lasse es

geschehen.
Erlaube dir diese Zeilen nun spüren, damit sich in deinen feinstofflichen Körpern nun dein Herz öffnet und deine Herzenstüren sich weiten.
Ein weites Tor in mir, ein Tor des Bewusstseins öffnet sich. Ich erkenne: In der alten Zeit hätte ich mich noch tiefer verschlossen, hätte Eno`ah Vorwürfe gemacht. Hätte mich „vollgegessen" und erbrochen, um mich über meinen Schmerz dann spüren. Nun bin ich dankbar, spüre wie riesige Energiemengen aus mir, aus meinem Erdenkörper, aus meinen Lichtkörpern strömen. Es strengt mich an. Ich bin bereit neue Wege gehen. Dem Weg meines Herzens folgend lasse ich geschehen. Folge dem sich in Wellen ausbreitenden Energiestrom in mir und gebe mich im Vertrauen, meinem Mona`oha, hin.
Ja, dieses Muster kenne ich. Zurückgewiesen werden, weil der andere spürt nicht, was ich brauche, was mir jetzt gut tut. Wieder ist da ein tiefer Schmerz in meinem Herzen, in meiner Seele. Wie benommen bin ich, ergriffen von diesen Energiewellen – von ganz weit, ganz tief kommen sie her, damit ich die Erlösung nun finden und erlösen kann. Damit ich immer mehr, immer mehr die Kraft der Projektion erkenne, ich mich selber wieder spüre. Zusammenhänge in meinem psychosozialen Feld, in meinem Lebensausdruck wieder finde und erkenne. Ich vertraue den geistigen Helfern, lasse mich fallen in ihre Welt, in meine Welt der eigenen hohen ätherischen Ebenen. Ich bitte um Beistand und um Führung für mein neues göttliches Leben hier auf Erden.
Ja, wir als Seelenpaar gehen voran, um allen Menschen und Wesen Vorbild sein, die sich berufen und angespro-

chen fühlen, die göttliche Liebe, Freiheit, Toleranz hierher bringen. Damit die Kraft der Liebe, das Aufstiegslicht in uns immer mehr, immer mehr wieder kann erklingen. Rein und wahr, genau wie damals in Atlantis, in Lemuria, auf dem venusianischen Planeten und auf vielen Sternenebenen und Universen, auf welchen wir schon oft gelebt.
Auf Erden haben wir dichte Materie erfahren, uns abgespalten von uns selbst. Doch all dies steht nun hinten an. Hab nichts mehr zum Greifen, scheinbar nichts mehr in Händen, nur im Herzen. Ich gebe mich hin. Denn die Wahrheit findet ihren Weg. Alles kann ich frei geben, um neu geboren werden. Damit die Aggressivität, all die Wut, der Zorn, all die Schuld und Scham, welche in dunklen Kammern noch vibrieren und schlummern, erlöst sein können, erlöst werden, göttlicher Mensch.
Auch für dich, liebes Menschkind, ist es ein Neubeginn und du bist schon mittendrin. Bist dabei dich wieder spüren und erfahren, bist dabei all dein Festhalten, dein Erklären-wollen freigeben, deine Kontrolle und Bewertung nun der Kraft der Liebe unterordnen, auf all den Ebenen deines Seins. Du folgst nun dem Weg deines Herzens. Vertraue, auch wenn du es noch nicht spüren kannst. Vertraue, auch du bist mit dabei. Sonst hätte dieses Buch dich nicht entdeckt – damit es dein Bewusstsein erweckt. Folge der Energie und du wirst sie finden – die Wahrheit deiner Seele.
Das neue Bett, ein wichtiges Symbol für Eins-Sein mit dem geliebten Wesen. Im Außen sehr kuschlig und nett. Doch wahre Liebe, wahre Intimität, natürliche Sexualität – davon sind die meisten Menschen weit entfernt.

Auch wir sind dabei uns neu kennenlernen, neu erleben und spüren. Wahrlich in sehr kristallinen Ebenen wird die göttliche Liebe und heilende Sexualität zwischen Mann und Frau, Shiva und Shakti, uns gezeigt. Wir dürfen uns dieser tiefen alten Weisheit anvertrauen und es den Menschen wieder lehren, nahe bringen. Damit das goldene Zeitalter, welches hier auf dem blauen Planeten aufsteigt, Shiva mit Shakti wieder vereint und vermählt.

Ich erlaube mir genau so sein, wie ich bin. Stehe ein für mich. Zeige mich allen und jedem in all meiner Verletzlichkeit. Denn dies ist der Weg durch die Dunkelheit, durch das Unerlöst-Sein in das goldene Licht Lemurias hier auf Erden hinein.

Ich liebe mich immer mehr, immer mehr
in Kodoish, Kodoish,
Kodoish Adonai `Tsebayoth.

Aufruf an dich
Lass los – Rivalität, Vergleich und Bewertung

Christina Soraia Luah'ya

Was ich immer schon einmal aussprechen wollte:
So heiße ich dich willkommen, begrüße dich, möchte dich heute aufmerksam machen auf das, was sich schon seit längeren Zeitabschnitten in mir bewegt, aufgestiegen nun ist.
Mit Erstaunen habe ich im Laufe meines Wirkens als Kryon-Channel immer wieder erfahren müssen, wie viel Rivalität, Vergleich und Bewertung von den unterschiedlichsten Meistern und Meisterinnen, den Führern und Führerinnen auf der neuen Erde gelebt und ausgedrückt wird. Die Energie der Rivalität und des Minderwertes ist für mich in der Energie der neuen Zeit eine interessante Erfahrung. Mein größter Schutz war und ist die Reinheit und Naivität, indem ich die Wahrheit meiner Seele erlebe und lebe. Dennoch habe ich in diesem Zusammenhang auf der menschlichen Ebene schmerzliche Erfahrungen gesammelt.
Dieser Kampf, dieses nicht Miteinander, sondern Gegeneinander mit Gehabe wie „Ich bin der Größte, ich bin die Beste" macht mich fassungslos. Jeder Mensch kann kryonische Energie hierher bringen, diese empfangen und channeln. Es gibt verschiedene Ebenen, so viele wie Sterne am Himmel leuchten. Dabei ist die Reinheit der empfangenen Übermittlung gemäß der eigenen Klärung, die dieser Mensch erfahren hat und lebt. So hat jedes Medium, welches eine kryonische Botschaft übermittelt

einen ganz eigenen Auftrag, eine ganz eigene ihm innewohnende Kraft. Ich möchte euch aufrufen, kreiert eure eigene Erfahrung.

So möchte ich dir sagen, kryonische Energie übermitteln ist niemals das Gleiche. Kryon hat viele Facetten und ist in allen Universen daheim. Die Frequenzen, in welchen ein Medium, ein Botschafter dies tut, spürst du über dein Herz, spürst du, wenn sich dein Körper entspannen kann, du dich wohlfühlst und geborgen. Gemäß deinem Bewusstsein und deiner momentanen Energiestruktur gehst du in Resonanz mit den jeweiligen Botschaftern und Botschafterinnen.

So möchte ich, als Christina Soraia Luah`ya, mich herauslösen aus diesem Feld der alten Zeit, den immer wieder auftauchenden kommerziellen, apokalyptischen Endzeitstimmungen der Angst, der Rivalität, des Denunzierens zu jedem Preis. Diese Welt ist nicht meine Welt, auch wenn einmal mein Schmerz darin enthalten war.

Es ist mir eine Freude und höchste Erfüllung Menschen berühren durch das erste Buch „Die Wahrheit deiner Seele" sowie durch dieses Buch. Die hohe Energieschwingung, welche in jedem Wort, in jedem Buchstaben schwingt, durchdringt dich. Es ist mir eine Ehre dich über all unsere weiteren gechannelten Bücher, übermittelt und geschrieben mit meiner Dualseele, dir neue Dimensionen geheimen Wissens nun eröffnen. Dich in unseren Begegnungen und unserem DVD-Heimstudium in die Transformation und den Aufstieg zu begleiten. Um dich in deine eigenen Freiheit führen, deine eigene göttliche Kraft, den göttlichen Funken in dir wieder spüren. Deine Meisterschaft auf Erden wahrhaftig in jeder Sekunde, jeder Stunde, an jedem Tag wieder leben, alles integrieren.

Vieles auf diesem großen spirituellen Markt führt nicht in die Eigenverantwortlichkeit, sondern hält Abhängigkeit, große Versprechen bereit. Dies ist wertfrei, denn die Nachfrage bestimmt das Angebot. Dieses alte Gesetz, welches der Dualität entspringt ist immer noch wirksam. Vielleicht spürst du auch, dass die heute gelebte Spiritualität geheimes Wissen noch nicht vollständig offenbart. Es gibt immer noch Wissende, die die Wahrheit hinter geschlossen Türen verbergen möchten. Jedoch erwachende Luzidität gelebt aus dem göttlichen Hier und Jetzt – führt uns in ein neues Leben.

Ich möchte dir sagen, geliebtes Menschenkind – du spürst in deinem Herzen, ob die Wahrheit, die Liebe, die Wahrhaftigkeit, welche über diese Zeilen in dich gelangt, dich berührt, tief, tief, den göttlichen Funken, dein wahres göttliches Sein, dein Licht erstrahlen lässt. Im heilenden Feld des kristallinen Christuslichtes, dieser alten lemurianisch-atlantischen Licht-Liebeslinien, wirst du wieder in Verbindung gebracht mit deinem wahren Sein. Damit es dir leicht gelingt deine Eigenverantwortung wieder annehmen.

Ich liebe mich, ich liebe dich. Darf mich im neuen Licht auf Erden zum ersten Mal wieder spüren, wahrhaftig meine ganze Kraft wahrnehmen, welche sich mit mir vereint in diesem Erdentempel, meinem physischen göttlichen Kleid. Und wahrlich, dies ist mein Auftrag und meine Erfüllung. All die Menschen, Schwestern und Brüder erwecken, den göttlichen Funken, genau wie damals in diesen alten vergangenen Zeiten. Diese Kraft hier entfesseln, sie zeigen in Wahrhaftigkeit, bedingungsloser Liebe. Deine Wurzeln erstarken lassen in deinem Leben, in deinen inneren Ebenen. Denn all dies wird geschehen, denn so ist es für dich vorgesehen, so ist es, So ham.

Ich bin für alles offen. Damit die Wahrheit meiner Seele all die Heilkraft, die Intuition, das alte Wissen, die Schönheit, Leichtigkeit und Fülle, Gesundheit und Regeneration in all meinen Körpern, auf allen Ebenen in diesem Leben, in diesem wunderbaren weiblichen Erdenkleid sich wieder vereint. Denn dies geschieht in meinem Rhythmus, in meiner Kraft, ohne Raum, ohne Zeit.

So möchte ich dir nun danken für dein Dasein. Die Entscheidung, dein Gespür, welchen Weg du weitergehst, liegt ganz bei dir. Gemäß deinem Bewusstsein wird es für dich immer der Richtige sein. Das ewige Licht leuchtet aus den höchsten Höhen in dich hinein. Ich umarme dich Lichtbruder, Lichtschwester, Erdenfreund und Erdenfreundin als Christina Soraia Luah`ya vereint mit Roland Sethja Eno'ah.

Ich bin die, die ich bin.
Ich bin die, die ich immer schon war.
Ich bin die, die ich immer sein werde.
So ist es, So ham.
An`anasha Om Tat Sat.

Leben frei von Angst
Du kreierst deine Zukunft

Christina Soraia Luah'ya
Roland Sethja Eno'ah

Mut und Entschlossenheit, Kraft und Vertrauen braucht es, um deine alten Muster und deine Gewohnheiten nun verändern in deinem Lebensumfeld, an deinem Arbeitsplatz. Viele Nachrichten gelangen in deine Gedanken, in dein Bewusstsein, in dein Herz hinein. Sie nehmen dich gefangen, lassen dich nicht erkennen, welch manipulative Kraft mit dir wirksam ist, göttlicher Mensch, geliebtes Menschenkind. In Wahrheit bist du bereit die Dramen wieder erkennen und dich davon loslösen auf allen Ebenen.

Da es momentan viele Möglichkeiten auf der neuen Erde gibt dein Bewusstsein zu schulen, deinen Lichtkörperprozess weiter fortführen, ist oftmals eine große Verwirrung gegeben. „Tu dies, tu das. Dies ist nicht gut. Dies ist sehr gut für dich" – in dieser Verwirrung steigen Gefühle der Verzweiflung auf. Du möchtest nicht ausgeschlossen sein, auch mit dabei sein, dazu gehören, den Aufstieg meistern. Diese Ängste lassen hohe Wellen von Druckenergie, von Anspannung in deinem Seelenkleid, deinem feinstofflichen Feld entstehen. Sie machen dich eng und unsicher, manchmal auch misstrauisch einfachen, hochwirksamen Dingen gegenüber. Dein Programm aus alter Zeit lautet immer noch: „Es muss anstrengend sein, es muss greifbar sein, um wirkungsvoll sein. Es muss etwas Neues sein, auf vielen Ebenen etwas daher

machen, dann ist es gut, dann ist es richtig. Immer weiter bist du auf der Suche nach deinem Lebensglück. Endlos scheinen die immer neu hinzukommenden Möglichkeiten der Spiritualität, die sich in deinem Außen zeigen. Heute ist es dies – morgen ist es das. Endlos im Zyklus der alten Dimensionen. Müde bist du dabei geworden – immer auf der Suche nach Etwas, was du nie finden wirst. Denn dort wo du suchst – ist Es nicht zuhause."
Heute sind wir mit dir vereint, damit über die Kraft des Heilenden Geistes all diese Zerrissenheit, dieser Kampf, diese Hilflosigkeit aus dir herausfließt, aus deinen Chakren, aus deinem liebenden Herzen sich befreit. Denn du möchtest alles gut machen. Diese Absicht ist in dir verankert, ist in dir angelegt.
Atme diese Wahrheit, diese liebevolle Geborgenheit jetzt in dich hinein, Stück um Stück, wie es dir angenehm und möglich ist. Damit Öffnung sich nun einstellt. Damit du mit deinen höheren Sinnen, deiner höheren Wahrnehmung die Worte, welche wir dir heute aus den höchsten Höhen der aufgestiegenen Meister, der Meisterinnen übermitteln, aufnimmst. Geliebtes Menschenkind, die magnetischen Wellen aus dem Licht des Kryon strömen in dich hinein. Deine energetische Matrix, deine Lichtstruktur ist liebevoll umhüllt. Denn wir, in Zusammenarbeit mit den hohen Selbst, den lichten Wesen rund um den Planeten Erde vereint und darüber hinaus auf anderen Sternenplaneten, sind mit all der Offenheit für dein Transformationsgeschehen, deine Umwandlung mit dir. Wir sind vereint über die Medien, deine lemurianische Seelenfamilie – Eno`ah, Dorahn, Lanah`ma, Luah`ya – welche dir liebevolles Geleit auf Mutter Erde

denn geben, ihr Wirken begonnen, in Kodoish, Kodoish, Kodoish Adonai 'Tsebayoth.
So lass dich tragen und lehne dich zurück, damit all dein Unbehagen, all deine Zukunftsangst sich transformiert. Du kreierst deine Zukunft, welche aus dem Hier und Jetzt über die Kraft deiner Gedanken, über deine Wahrnehmung erwächst. Du spürst über welche Energieebene du dich verbindest. Gehst nicht mehr in die Szenarien von Angst und Schrecken. Du atmest die Offenheit, die Geborgenheit, die Kraft der Engel, welche dich in deinem Herzen berühren, welche dich umprogrammieren. Damit die Illusion der Angst aus den tiefsten Kammern deines Unterbewusstseins, aus deinem Basisfundament entweichen, sich auflösen und transformieren, lichtes Wesen, das du bist.
Dies geschieht mit jedem Wort, mit jeder Übertragung bei dir. Die Energiewellen nehmen dich mit hinüber durch das Sternentor in die höheren Daseinsebenen. Diesen Segen, diese Wahrheit, diese göttliche Präsenz hast du lange gelebt in vielen Leben. Um die Dichte der Materie, die Dualität zu erleben voller Szenarien, Ängsten und Untergängen, hat sich alles genau so eingestellt. Damit das Spiel der Schöpfungswelt, dein eigenes Erschaffen sich herauskristallisiert. All die Erinnerung an diese Pein, diese Schrecken, welche einst geschehen auf Mutter Erde, sind in deinen Lichtkörpern gespeichert, zeigt sich in deinem heutigen Leben in vielfältigen Auswirkungen. Sie lassen dich verhaftet sein, begrenzen dich – immer mehr ahnst und spürst du diese Wahrheit. Du beginnst in deinem Leben voller Mut Veränderungen einleiten, auch über die Disharmonie, da du nicht mehr anders

kannst. Schritt um Schritt machst du neue Erfahrungen, öffnest dich ohne Angst, ohne Leiden – diese Erfahrung hast du schon getan.
Deine Gedanken purzeln: „Ich möchte aufsteigen, möchte endlich alles hinter mir lassen. Schaffe ich das? Wie wird es werden?" Indem du deine Aufmerksamkeit, deinen Fokus auf das Gute lenkst, wirst du geführt. Für dich ist gesorgt auf der neuen Erde. Spüre diese heilenden energetischen Sätze tief in deinem Herzen, Om Tat Sat. Lass dich führen und leiten durch die Essenz und deinen Traumkörper. Werde wieder luzid! Damit du in den neuen Dimension hier auf Erden alles hinter dir lassen kannst, was dich quält. Sie ist nur eine Nanosekunde entfernt von deiner alten Welt. Näher als du denkst.
Mache eine Ist-Bestandsaufnahme von all dem, was du schon geschafft und verändert hast in Leichtigkeit. Damit diese Weisheit, diese Erleuchtung sich in dir vereint, sich verstärkt und ausdehnt. Überall in deine Körper, dein Chakren-System, deine Zellen, deine DNA hinein. Die Worte „Ich bin bereit mich herauslösen, noch tiefer aus dem Schleier der Vergessenheit und der Illusion meine Kraft wieder annehmen. Ich werde alles erschaffen in meinem Leben zum höchsten Wohle von Allem-was-ist, das Licht Lemurias wieder annehmen, wie es seit Anbeginn in all dem Wohlstand der Gesundheit, der Schöpferkraft in mir verankert ist."
So geht es Stück um Stück aus der Angst, der Kargheit, der Nicht-Liebe hinaus – hinein in dein Lebensglück, die Verwirklichung der Aspekte der 12 göttlichen Strahlen. Alles kommt ins Fließen, ins Gleichgewicht, in deine Balance. Damit du dein Wachstum, dein Erkennen, deine

Bewusstheit auf allen Ebenen wieder annimmst, dich befreist von aller Materie, immer mehr, immer mehr. Damit du transparent als Lichtwesen auf Erden hier wandelst, so wie es von Gottvater, Gottmutter in deinem göttlichen Plan richtig und vorgesehen ist für dich ist.
Erlaube dir all die Ausdehnung, all die Zeit, das Durchschreiten der 3. und 4. Dimension. Erkenne Zeit und Raum sind Illusion. Deshalb, geliebtes, göttliches Kind, fürchte dich nicht, dass du etwas verpassen könntest. Selbst beim Übergang, beim sogenannten menschlichen Sterben in die Essenz Gottes wird dein Traumkörper sich in seinen Erfahrungen weiter ausdehnen. Spüre in welchen Energiefeldern, Energieebenen du dich angenehm und geborgen fühlst, ohne dich anstrengen. Dein Freiwerden geschieht in dem heilenden Feld der Liebe, in den Aufstiegstempeln von Lemuria, von Telos, welche sich in ätherischer Ebene manifestieren. Überall da, wo Luah`ya, Eno`ah, die Kryon University und weitere lichtvolle Wesenheiten wirksam sind.
Ein machtvoller Tempel ist erbaut für all die Menschen und Wesen, welche in ihrem Aufstiegsgeschehen Zuflucht ohne Angst, ihre Eigenständigkeit im großem miteinander vereint wieder annehmen möchten, wieder leben möchten. Du triffst die Entscheidung, wohin deine monetäre Energie fließt. Nichts wird dir ohne dein eigenes Durchleben offenbart, Om Tat Sat. Die ewig gültigen geistigen Gesetze sind auf der neuen Erde in ihrer Kraft verankert und unwiderruflich in deinem Auferstehen durchlebbar.
Du wirst hindurchgehen durch viele Situationen in deinem Leben. Freue dich. Atme ein die Kraft des ewigen

Lebens. Mit deinem ätherischen Sein wirst du Raumzeit-Reisen in der Merkaba erfahren und unterhalb der Träume in neuen Dimensionen leben. Spüre, dies ist schon immer deine Heimat. Du hast dies nur vergessen. Wie sonst könntest du dich hier auf Erden selbst reflektieren. Diese Energiefelder dehnen sich immer mehr aus, indem du diese Wahrheit nicht mehr auslässt, diese Wahrheit in dich hineinsaugst, sie in dein Herzzentrum und in deine Lichtkristalle einatmest. Diesen süßen Duft, diese Blumen des Lebens nimmst du wieder auf in allen Ebenen in deinem Basisfundament, deinem Sonnengeflecht, göttlicher Mensch. All dies vereint sich, damit du voller Mut deine alten Fesseln „Ich kann nichts tun. Ich bin dankbar einen Arbeitsplatz haben. In diesen Zeiten geht man nicht einfach neue Wege. Ich bin zufrieden mit dem, was ich habe", sprengst. All dies ist alte Energie, ist Begrenztheit, ist deine Kleinheit, Om Tat Sat, welche wir aus deiner Lichtstruktur, deiner energetischen Matrix herausspülen. Denn du, genau du wirst gebraucht!!! Damit Wandlung und Erneuerung auf allen Ebenen des Seins für Frieden, Liebe und Harmonie in Übereinstimmung mit dem göttlichen Plan geschehen kann und geschieht. Vielleicht ahnst du bereits, dass du der Schöpfer deines Paralleluniversums bist. Du bist ein Universum unter unendlich vielen anderen Universen. Die Kraft der Umsetzung, der Anwendung, in deinem Herzen, deinem Geiste, deinem Körper schwingt sich ein. Damit dein Erfahren mit all dem, welches du neu ausprobierst, auf das du dich einlässt, dir leicht gelingt. Denn alles in deinem äußeren Feld zeigt dir an, was deine inneren Welten, deine inneren Kräfte dir mitteilen

möchten. Es ist ein Spiegel – wie Innen so Außen. Es ist ein Segen der neuen Zeit, all dies kannst du verändern, miteinander und alleine.
In liebenden heilenden Begegnungen erfährst du, was du in dir trägst und bekommst Anleitung. Heilenden Rituale aus dem Hier und Jetzt sind machtvolle Energieübertragungen, welche Luah`ya und Eno`ah übersetzten und du selbst immer tiefer, immer sicherer wieder spürst. Denn du bist nichts anderes, du göttlicher Mensch auf Erden hier.
So gehe nicht in die Szenarien, die geschrieben stehen und erzählt werden. Denn dies ist nicht die Wahrheit. Dies legt einen Schleier von Dunkelheit über das geöffnete, neue Erdenherz, über die neuen Menschen, über Lady Gaia. Denn in deinem Transformations-Geschehen wirst du wieder genährt über die Bewusstheit, über die Liebe des kosmischen Herzens und des Verbunden-Seins. Folge dem Weg, dem Pfad deines Herzens.
Genieße Speis und Trank. Wie du weißt, geht die Liebe durch den Magen. Doch du bist nicht mehr abhängig davon. So werden alle Ressourcen geschont und verwandelt, so dass sich eine neue Balance einschwingt. Du wirst den blauen Planeten über die Inspiration deines Herzens unterstützen. Nicht mehr acht Stunden am Tag an Orten sein, welche leblos sind und die dir scheinbar das Einkommen bringen für dein Auskommen. Wirst dich nicht mehr für Medien interessieren, die dich in deine Dunkelheit führen. Erkenne die Illusion und die Angst, die du damit Aufrecht erhältst. Hinterfrage und reformiere dein Sein und du wirst deine selbstgemachten Wunder erleben. Dem Pfad des Herzens folgen, heißt aufgewacht

und in Klarheit leben, die daraus entstehende Weisheit und Macht wieder in Liebe verwandeln und leben. Traue deinem Sein und wandle wie ein göttlicher Mensch hier auf unserer Mutter Erde, Lady Gaia. Diene ihr und sie dient dir.

Die neue Erde schenkt dir Freiheit. Es ist genug für alle da. Du wirst es erleben, Meisterin, Meister der goldenen Lichtstätten aus Lemuria und Atlantis. Sag: „Ja, ich bin bereit all diese Glückseligkeit in Vertrauen wieder annehmen, all die Energiekörper, die Chakren, die Lichtzentren ausdehnen. Diese heilende Kraft, dieses wunder-volle Geschehen möchte ich mit meinen Schwestern und Brüdern auf Erden zelebrieren und umsetzten, Stück um Stück, in meinem Leben, in meiner Familie, an meiner Wirkungsstätte. Damit all die Not und die Unbewusstheit sich erhelle über meine Strahlen, über das Mitgefühl, wertfrei- es geschieht. Über diese Haltung nimmst du den größten Einfluss. Kannst in der Welten-Akasha erkennen, alles ist genau so richtig, ist gut."

So lass dich nun tragen, lass dich fallen, hör auf mit Denken. Du beginnst wahrnehmen über deine höheren Chakra-Kanäle. Dies stellt sich ein, indem du nicht mehr lenken willst. Du lebst die Kraft des Annehmens, der Leichtigkeit, der Träume und Visionen. Du erkennst deine Disharmonien als heilende Medizin, damit du in deiner Ganzheit weitergehen kannst. Dies ist die Anleitung, damit Szenarien und Dramen auf allen Ebenen sich niemals einstellen.

Spüre auf welche Ebenen du dich begeben möchtest. Wir, aus der Lichtstadt Telos, das Volk Lemurias, welches all dies vollzogen hat, sind mit all der Unterstützung für dich bereit. Mit all den Schwestern und Brüdern, welche den Samen hier auf der Erde verankert für diese neue goldene Zeit. Alles ist lebendig, auch diese, Om Tat Sat. Die Berührung erfolgt momentan über das Herz, deine Wahrnehmungsfähigkeit, das Anerkennen. Damit all die Projektionen, welche auf Erden entstehen im höchsten Lichte von Allem-was-ist sich ausgleichen, Om Tat Sat, Meister, Meisterin. All dies findet Ausdruck in deinem Leben. Denn so ist es richtig, steht es geschrieben in deinem göttlichen Plan, so ist es, So ham.

So bewege dich sanft in den heilenden Tönen der Musik der Meisterenergien, der Engelssphären, welche dich umgeben. Transformative Begegnungen im Licht der Liebe, Heilende Klänge, Klangwerke und Channelings, DVD-Übertragungen der Kryon University stehen für dich bereit, um dich umwandeln, dich führen in die neuen Energieebenen deines eigenen göttlichen Seins. Dies verstehen, dies spüren, damit Herz und Verstand sich einen. Dieses goldene irisierende Licht hüllt dich ein. Damit die Glückseligkeit, diese Wahrheit dich durchströmt in die Wandlung deiner DNS, der DNA tief hinein, wie es für dich richtig und angemessen nun ist. Ja, du bist bereit auferstehen, wie damals Jesus der Christ. Halleluja, Halleluja, Halleluja.

So lasst uns an den Händen nun nehmen, die Herzensstrahlen verbinden, die Wurzeln aus den Beckenböden, aus den Fußzentren, aus dem Kronenzentren weit, weit nun ausdehnen. Damit sich all die Menschen und Wesen, Schwestern und Brüder sich einstellen, sich finden hier auf Erden, wo immer sie momentan sind. Damit das gute, das helle, glanzvolle Licht sich herniedersenke, wie es von Gottvater, Gottmutter richtig und vorgesehen ist für uns. Damit du dich wieder zeigst, dich lebst in Leichtigkeit. So lassen wir ganz behutsam unsere Farbenergien, unsere Lichtfrequenzen bei dir. Spüre, wann sich alles integriert. Erlaube dir Ruhe, dich niederlegen, denn Höchstleistung vollbringst du über das Lesen, die Energieaufnahme über das Medium des Buches. Geliebtes Wesen im Herzen Lemurias, in der Geborgenheit, dem Schutz der aufgestiegenen Meister und Meisterinnen, im Licht der Engel vereint, wir sagen An`anasha, hier und heut, unseren Dank so ist es, So ham.

In Mono'To be
gehen wir miteinander voran.

Wissenswertes

Wörterbuch für Studierende des Lichtes
Die Kristalle in der Lichtsprache der Elohim

Ana	Licht, Lichtaufnahme – damit dein Licht erstrahle
An'anasha	Dankbarkeit für Alles-was-ist
Atrana	Reine Gedanken
Avatara	Zentriertheit
Don'adas	Gnade aus dem Lichte der Elohims
Elexier	bedingungslose Liebe – sie ist mit allem verbunden
Ena	Vergebung
Esha'ta	Christusbewusstsein, kosmischer Christus
Lotus	Neues Bewusstsein
Mohara	Reine Gefühle
Mona'oha	Vertrauen in deine göttliche Führung
Nion	Entbindung, karmischer Energiebande
Omar Ta Satt	Du bist willkommen – Lichtgruß
Om Tat Sat	Studierender des Lichtes, Lichtarbeiter und Lichtpionier
Onar	Ruhe – innerer Frieden
Osam	Heilung
Pradna	göttliche Kraft und Macht
Runa	Fülle
Tan'atara	Lebensfreude in Allem-was-ist
Tana'atara	Gelassenheit
Tara 'dos	Der göttliche Frieden sei in und mit dir

Mantren
Was ist ein Mantra?

einfache Darstellung:
Bezeichnet meist eine formelhafte Wortfolge. Mantren können entweder sprechend, flüsternd, singend oder in Gedanken rezitiert werden. Die Laute der Mantren sind bestimmten Funktionen in Energiesystemen zugeordnet und werden bei Meditierenden bewusst oder unbewusst transformierend auf bestimmte Energiepositionen im Körper gelenkt.

Mantra: „Ehey Asher Ehey, Ehey Asher Ehey, ... "
männlich:
Ich Bin der, der Ich Bin. Ich Bin der, der Ich immer schon war. Ich Bin der, der Ich immer sein werde.
weiblich:
Ich bin die, die Ich Bin. Ich Bin die, die Ich immer schon war. Ich Bin die, die Ich immer sein werde.

Mantra: „Kodoish, Kodoish Adonai'Tsebayoth, ... "
Heilig, heilig ist Gott der Herr. Dieses alte Mantra enthält die Anrufung der höchsten Gottesnamen. Es entspricht in seiner Schwingung dem Symbol der „Blume des Lebens", beides trägt die Schwingung des göttlichen All-Einen, von Allem-was-ist in sich. So auch die Schwingung der göttlichen und kosmischen Ordnung, die sich über dieses Mantra und seine Energie wieder in uns manifestiert.

Mantra „Lay'uh Ash Schechina, ... "

Das Wiederannehmen der göttlichen, weiblichen Urschöpferkraft ohne Schuld und Scham.

Mantra: „Mono'To be"

Schreite voran

Mantra: "So ham"

männlich:
"Ich Bin der, der Ich Bin"

weiblich:
„Ich bin die, die Ich Bin"

Lemurianische Seelensprache
Magische Laute und Worte des Zaubers

Lemurianische Seelensprache bedarf keiner verstandesmäßigen Erklärung, da die Tonfrequenzen sich als magische Laute in die Lichtkörper reinigend und heilend einschwingen. Es sind Heilgesänge und magische Laute, die die Heimat des Herzens und der Seele berühren. Es fördert das intuitive Wiedererlangen telepathischer Kommunikation, wie wir es bereits in Lemuria pflegten.

Hier ein Beispiel:
„Nawa'ela mah douw'ah"
   Es gibt verschiedene Bedeutsamkeiten über den Klang: Alles ist gut; ich Grüße das Licht in dir; Fühle dich geliebt und angenommen, beruhige dich und vieles mehr

Begrifflichkeiten
Ein Versuch etwas zu erklären,
was nicht erklärbar ist

Akasha, Akasha-Chronik
Bezeichnet die Vorstellung eines übersinnlichen „Buchs des Lebens", das in immaterieller Form ein allumfassendes Weltgedächtnis enthält.

Antakarana
Der Begriff Antakarana wird in der okkulten oder esoterischen Literatur nicht immer gleich verwendet: so wird manchmal der gesamte zurückkehrende oder evolutionäre dreifache Lebensfaden (bestehend aus: Sutratma, Antakarana und schöpferischer Faden) als Antakarana bezeichnet – oft wird auch nur der Bewusstseinsfaden (von der Seele her kommend im physischen Gehirn verankert) als die Antakarana bezeichnet – manchmal wird von der Antakarana als die „Regenbogenbrücke" gesprochen, welche das niedere und das höhere Selbst verbindet. Diesen Bezeichnungen gemeinsam ist, dass sie sich alle mehr oder weniger auf jenen dreifachen Faden beziehen, der die Monade, die Seele und die Persönlichkeit miteinander verbindet. Am tiefsten Punkt der Manifestation beginnt der Aufstieg des Menschen und die Evolution führt ihn unvermeidlich an jenen Punkt, an dem er bereit ist für den Pfad der Rückkehr. Auf diesem Weg wird sich der Mensch dann zuerst der Anziehung seiner Seele bewusst und entwickelt Gruppenbewusstsein. Schließlich wird er der Existenz der Monade gewahr und entwickelt göttliches Bewusstsein.

Die 12 göttlichen Strahlen und das Gesetz der Präzipitation

Kryon University Audio CD-Edition – übermittelt von Christina Soraia Luah'ya) Alles, was existiert, was ist, hat die gleiche Herkunft und den gleichen Ursprung. Somit ist auch alles aus der gleichen Quelle abrufbar. Über deinen Kausalkörper, die 12 göttlichen Farbstrahlen, bist du immer mit der Urquelle verbunden. Die Einsatzmöglichkeiten sind grenzenlos. Du kannst damit alles energetisch aufladen. Negatives beseitigen und Positives verstärken. Wir können somit durch die Kraft der Strahlen erkennen, korrigieren und verändern, beschleunigen und erschaffen, um wieder zum göttlichen Menschen zu erwachen. Es geschieht in deiner Zeit in deinem neuen dir Bewusstwerden wie von selbst.

Elohim

Der lebende Gedanke Gottes. Die Elohim vom Strahl der Gnade schenken Vergebung und befreien von Karma und Ursachen, die einen Ausgleich erfordert hätten, um zu heilen. Durch die Gnade wird der Ausgleich erlassen. Traditionell gehören die Elohim vom Strahl der Gnade zum silbernen Strahl. Sie repräsentieren die liebevolle, weibliche, nährende Kraft, die erlöst, vergibt und verzeiht. Es ist die Kraft der bedingungslosen Liebe, die zusammen mit der mütterlichen Kraft des weiblichen Schöpfungsprinzips den Ausgleich schafft.

Erzengel Kryon

Kryon ist ein Erzengel aus der Familie von Erzengel Michael, der in jüngster Zeit immer mehr in weiblicher Energie erscheint. Es ist eine Energie des göttlichen Geistes – Liebe – Kraft – Licht – Wissen und Weisheit. Er stammt aus der Quelle der Schöpfung selbst, die seit Anbeginn irdischer Zeiten mit der Geistes- und Wesenskraft der Erde verbunden ist. Er ist ein Meister, eine Meisterin des Magnetismus und der Neuausrichtung des Magnetgitternetzes der Erde. Dies ermöglichte die physikalische und magnetische Voraussetzung dafür, dass die Menschheit und der Planet Erde in das Bewusstsein des neuen Zeitalters eintreten konnte. Die Lichtkörper der Menschen werden in diesem Evolutionssprung gereinigt und neu eingestimmt, vorbereitet auf die bereits vorhandenen neuen Dimensionen, um ein erleuchtetes Bewusstsein entwickeln.

Heilgesang zur Heilung von Allem-was-ist

Ein kraftvolles Ritual zur weltweiten Heilung von Allem-was-ist. Finde deinen Ton, deine Ursprungstonfrequenz, die in uns verankert ist. Jede und Jeder tönt auf seine Art und Weise, mit Millionen von Menschen zur gleichen Zeit auf unserem blauen Planeten, Lady Gaia vereint. Spüre die reinigende und alles heilende Wirkung, die darin enthalten ist, wenn viele Menschen dies zur gleichen Zeit zelebrieren. Und nun finde deinen Ton, deinen Laut, der alles heilt – wenn du möchtest.

Ich-Bin-Gegenwart

Auch Monade genannt, vom griechischen Monas= Einfachheit, Einheit. Mit unserer eigenen magischen ICH BIN-Gegenwart ziehen wir all die Liebe, Weisheit und Kraft für das Handeln der Christus-Energie an und vermengen und vermischen sie mit unserem eigenen Höheren Selbst und unserem eigenen Gottes-Bewusstsein.

Es geht dabei um die bewusste Manifestation der Ich-Bin- Energie. Denn geht man davon aus, dass wir mit unseren Worten und Gedanken unsere Wirklichkeit beeinflussen, das Energiefeld um uns herum lenken, so ist der erste Schritt zu Veränderung das bewusste Aussprechen von „Ich Bin Bereit...für Veränderung, für die Wahrheit meiner Seele." Lebenseinschränkende Glaubenssätze und Emotionen werden frei gegeben und es entsteht Raum für Neues.

Erkenne deine Gedanken, wenn du sagst „ICH BIN", denn du rufst damit die Macht Gottes an, die Kraft des Gottes in dir. Wenn du „ICH BIN" sagst und fühlst, gibst du den Fluss der neutralen kosmischen Lebenskraft-Energie frei. Auf positive Weise genutzt, gibst du diese Kraft frei, um Liebe, Frieden, Schönheit, Harmonie, Gesundheit und Reichtum zu realisieren.

Kundalini

Nach der tantrischen Lehre wohnt in jedem Menschen eine Kraft, die Kundalini genannt wird. Diese befindet sich ruhend am unteren Ende der Wirbelsäule und wird symbolisch als eine im untersten Chakra schlafende, zusammengerollte Schlange (Sanskrit:

Kundala „gerollt, gewunden") dargestellt. Sie ist die der Materie nächststehende Kraft im Menschen. Wird sie erweckt, steigt sie auf, wobei die transformierenden Hauptenergiezentren oder Chakren durchstoßen werden (Satchakrabedha „Sechs-Chakren-durchstechen"). Erreicht sie das oberste Chakra, vereinigt sie sich mit der kosmischen Seele und der Mensch erlangt höchstes Glück. Erst hier vereinigt sie sich in ihrer transformierten Form mit den kosmisch-spirituellen Kräften.

Kristallschamanismus
Wir, in der Kryon University, haben den Begriff des Alltagsschamanismus oder auch Kristallschamanismus geprägt. Das bedeutet ganz einfach, dass wir unsere volle Aufmerksamkeit und Achtsamkeit Allem-was-ist in unserem alltäglichen Leben schenken. Es ist ein Zustand dauerhafter Meditation, ein Gefühl der Achtsamkeit und Verbundenheit, in dem du wahrnimmst und göttliche Zusammenhänge erkennst. Wir müssen nicht auf eine Traumreise gehen, um die Schönheit unseres Seins zu erkennen. Wir dürfen unsere Augen öffnen und mit dem überraschten Blick eines Kindes all das Wunderbare wieder sehen, was uns so nah ist. Wir zelebrieren leicht und beschwingt unseren Alltag im kristallinen Licht der neuen Zeit, in allem, was wir tun – üben die Achtsamkeit, das Angebunden-Sein im Hier und Jetzt, begleitet von höchsten Engel-Energien. Wir aktivieren unser kosmisches Wissen in der Kraft des Kristallschamanismus, denn das hohe Licht der Engel-Ebenen vereint sich mit der Kraft von Mutter

Erde, Lady Gaia. Unser altes naturverbundenes, schamanisches Wissen steigt wieder auf.

Lady Gaia
Mutter Erde, unser wunderschöner, blauer Planet.

Lemuria
Befand sich im heutigen Gebiet des Pazifischen Ozeans. Der Kontinent existierte von 90 000 bis 30 000 vor Christus. Weitere Quellen sagen, dass Lemuria bereits vor einer Million Jahren existierte und 25 000 vor Christus unterging. Die Bewohner von Lemuria waren eine hoch entwickelte und voll bewusste Zivilisation. Ihre Technologie und ihre Körper waren mit einer zwölfstrangigen DNS ausgestattet, die sie befähigte mehrere hunderte Jahre alt zu werden. Sie waren hellsichtig und konnten telepathisch kommunizieren.

Lichtkörper
Als Lichtkörper bezeichnen wir die Gesamtheit aller Körper, die dem Menschen zugehörig sind. Hierzu gehören neben dem physischen Körper verschiedene feinstoffliche Körper, die manchmal – weil sie von Hellsichtigen als Lichtschwingung wahrgenommen werden – auch einzeln als Lichtkörper bezeichnet werden. Die verschiedenen Körper sind Wahrnehmungsfelder entsprechender Bewusstseinsebenen. Sie durchdringen einander in hierarchischen Schichten. Die höchsten Ebenen haben die höchste Frequenz und Ausdehnung. Sie durchdringen alle tiefer liegenden Schichten. Nach unten findet eine zunehmende

Verlangsamung und Verdichtung der Schwingungen statt bis hin zum festen physischen Körper.

Lichtsprache
Allgemein: eine kraftvolle, energetische Anordnung aus heiligen nicht kodierten Worten, geometrischen Formen und Farben, mit denen wir neue „Drehbücher" erstellen, die auf alle Lebensbereiche einwirken und entstehen: Heilung einer Beziehung und Seelenpartnerschaft, steigender Selbstwert und Selbstliebe, mehr Selbstvertrauen und Erfolg, neue Aufgaben und Berufung. Die Lichtsprache wirkt auf allen Ebenen unseres Seins. Es handelt sich energetisch um nicht kodierte, freie Form-, Farb- und Tonenergien. Damit werden tief verwurzelte, nie überprüfte Muster-, Glaubenssätze und überholte Vorstellungen schnell und wirksam transformiert. Sie heben uns in eine neue Realität der Glückseligkeit.

Luzidität
Der Ausdruck Luzidität (vom lateinischen für Klarheit) bezeichnet in der Medizin die Bewusstseinsklarheit. Sie ist eng verbunden mit dem Grad der Wachheit. Wachheit bezeichnet in der Physiologie und der Psychologie Zustände andauernder Aufmerksamkeit. Wachheit ist ein Teilaspekt des Bewusstseins. Mit Träumen, die man im Halbschlaf hat, können Realitäten „eingefangen" werden, sie sind identisch mit den Zuständen, die Hellseher haben, wenn sie sich auf andere Menschen oder Situationen einstellen. Luzidität bedeutet Bewusstheit über die spürende

Erfahrung, die allem, was man denkt, sieht hört, und tut voraus geht. Luzidität führt zu einer neuen Sichtweise des Lebens, zur Weisheit. Luzid träumen, ist eine Zustand um den nichtdualistischen Hintergrund der Alltagsrealität wahrzunehmen.

Medium, (amerik.) Channel
Person, welche die Botschaften übernatürlicher Wesen empfängt und weitergibt. Medien nehmen unter anderem mit der jenseitigen Welt Verbindung auf, zum Beispiel mit Engeln und aufgestiegenen Meistern und Meisterinnen. Sie übermitteln ihren Zuhörern oder einem einzelnen Klienten Botschaften des Trostes und der Lebenshilfe, die oft persönlich für einen bestimmten Zuhörer bestimmt sind.

Merkaba, unser Lichtkörper
Ist eines der mächtigsten Werkzeuge, unser spirituelles Wachstum zu beschleunigen. Die Mer-Ka-Ba ist ein Wort, das eigentlich aus drei Wörtern besteht: Mer – Ka – Ba. Mer bedeutet laut Drunvalo gegenläufig rotierendes Lichtfeld und war in Ägypten das Wort für Pyramide, Ka steht für den feinstofflichen physischen Körper und Ba bedeutet Seele. Bei der Merkaba handelt es sich um ein gegeneinander drehendes Lichtfeld basierend auf pyramidalen Formen, das mit dem feinstofflichen physischen Körper und der Seele verbunden ist. Es ist das Vimana aus den Veden, das Diamantenfahrzeug, und der Götterwagen der Hebräer, das Aufstiegsgefährt. Die Merkaba entsteht durch gegenläufige Rotation von zwei der

drei Sterntetraeder, die wir um den Körper haben. Der dritte Sterntetraeder entspricht dem physischen Körper und bleibt dabei stehen.

Omega- und Alphachakra
Omega- und Alphachakra verbinden den Menschen mit dem planetaren Gitternetz und mit allen Knotenpunkten des planetaren Netzes.

Prana
Lebensatem, Lebenshauch oder Lebensenergie, auch als Qi bekannt, als zentrale Lebenskraft. Seit der Jahrtausendwende wird die Prana-Lehre als feinstoffliche „Lichtnahrung" bezeichnet, die feste Nahrung ersetzen kann.

Patriarchat
Eine Herrschaftsform, die durch die Vorherrschaft von Männern über Familien, Sippen, Gemeinden, Diözesen oder Völker gekennzeichnet ist.

Quantengeist
Ist der verborgene Code des Bewusstseins. Unser Weltbild ist mechanistisch geprägt. Der Schlüssel zur Zukunft liegt in der Welt der Quanten. Dort wo es keine Materie mehr gibt, sondern nur Prozesse, Beziehung und Informationen: auch Geist genannt. Allem Lebendigen liegt ein universeller Quantencode zugrunde.

Regenbogenmedizin

Vereint das ganze Spektrum an vielfältigen Heilungsansätzen und Möglichkeiten im Falle vorhandener Disharmonien. Über die Quantenphysik erkennen wir die multidimensionale Ausdehnung unseres Geistes und seinen Körper und eröffnet neue Wege im Umgang mit Körpersymptomen. In der Regenbogenmedizin werden die unterschiedlichsten Bewusstseinsebenen und die mit ihnen verbundenen Erfahrungen berücksichtigt. Sowohl Ansätze der klassischen Medizin mit aller Diagnostik, medikamentöser und apparativer Behandlung als auch alternative medizinische, psychologische Verfahren, die mit subjektiver Erfahrung, Traummustern und allen Ebenen des Bewusstseins arbeiten sowie die schamanischen Erfahrungen indigener Völker (z.B. Aborigines) und dem heutigen Kristallschamananismus der karmischen und aktuellen Reinigung des Lichtkörpers auf allen Ebenen des Seins.

Schechina

Ist hebräisch, auch Heiliger Geist oder göttliche Gegenwart genannt. Es ist der weibliche Mutter-Aspekt der Quelle. Das Schechina-Universum ist die Bezeichnung für das Feld der subatomaren Teilchen. Es ist die Basis der manifesten Struktur, eigenständig und voll bewusst.

Shakti

Im Neotantra synonym für Frau. Die Gemahlin Shivas. Sie ist jedoch mehr als nur die Gemahlin einer Gottheit, sie ist die den Kosmos erschaffende, erhaltende und auflösende Kraft. Shakti im Aufstieg der Kundalini wird von einer hohen göttlichen, kosmischen Überintelligenz gesteuert. Im Menschen brechen spirituelle Fähigkeiten auf und allumfassende Liebesgefühle. Shakti steht im Hinduismus für die weibliche Urkraft des Universums, die die aktive Energie darstellt.

Shiva
Im Neotantra synonym für Mann. In der westlichen Interpretation wurde Shiva oft nur die Rolle als Weltenzerstörer zugeschrieben. Seine Rolle besteht jedoch sowohl im Erhalt als auch in der Zerstörung der Welt. Wenn Shivas Tanz aufhört, dann geht die Welt unter, aber Shivas Tanz wird nie aufhören, also wird die Welt nie untergehen.

Seelenpartner, Seelenverwandte
Getragen von einer großen Liebe sich gleichender Seelen. Seelenverwandte ziehen sich an, denn sie arbeiten an derselben Art ihrer evolutionären Bewusstwerdung, ihres Aufstiegs ins Licht. Ihre Anziehung basiert auf der heiligen Arbeit und dem gemeinsamen Weg der Selbstverwirklichung. Sie erkennen sich an ihrer liebenden Herzensverbindung und leisten gemeinsam heilige Arbeit.

Traumkörper
Ist die Rolle des Körpers in der Enthüllung des Selbst. Untersuchungen zeigen, wie der träumende Geist unbewusste oder ‚doppelte' Signale in uns

produziert, während wir in Beziehungen zu anderen Menschen stehen. Die Kommunikation wird erleichtert, wenn diese Signale aus dem Hintergrund in den Vordergrund der Aufmerksamkeit gebracht werden. In Gruppen wird der Traumprozess nicht nur durch Einzelpersonen, sondern durch ‚Rollen' getragen, die von jeder Person in der Gruppe übernommen werden können. Aus dem Verhalten der Gesamtgruppe lassen sich auch ‚Geisterrollen' ableiten, mit denen sich aber keine Einzelperson identifizieren würde.

Weiße Bruderschaft
Die weiße Bruderschaft des Lichtes ist eine Vereinigung von Engeln und aufgestiegenen Meistern, die der Verwirklichung der göttlichen Liebe auf Erden dient.

Zwillingsflammen
Standen vor Beginn der Zeit vor Vater-Mutter-Gott. Sie legten das Gelübde ab Wesen beim Aufstieg ins Licht zu begleiten. Dieses gemeinsame gibt ihnen eine hohe spirituelle Kraft. Die Zwillingsflamme ist aus dem ursprünglichen Ei aus Licht geboren. Dem Ei des weißen Feuers, aus dem wir in der Quelle, durch höchste Konzentration puren Geistes erschaffen wurden. Außerhalb der Quelle, hat es sich in zwei Seelen, zwei göttliche Identitäten geteilt. Diese werden Zwillingsflammen genannt. Jede dieser Seelen ist das exakte Duplikat des anderen. Im gesamten Universum kann kein anderer diese Einheit beanspruchen, denn sie sind einmalig.

Heilende Begegnungen
Mit Christina Soraia und Roland Eno`ah oder unseren Therapeuten

Dein Interese ist geweckt und du spürst, dass du uns bzw. unser Wirken einmal persönlich kennenlernen und erleben möchtest, so laden wir dich herzlicht ein. Du kannst uns oder einen unserer Therapeuten auf verschiedenen Seminaren und Vorträgen erleben:

- ☆ Transformations-Abend
- ☆ Transformations-Wochenende
- ☆ Abend der „Magischen Liebe und Sexualität"
- ☆ Wochenende der „Magischen Liebe und Sexualität"
- ☆ Paararbeit
- ☆ Einzelsitzungen
- ☆ Telefonsitzungen
- ☆ Firmencoachings
- ☆ Reise-Highlights

Nähere Informationen unter
www.christina-soraia.com

Für all diejenigen, die sich für Transpersonale Psychologie, Spiritualität, Medialität, Tanz, Kunst und Gruppenarbeit interessieren, bieten wir Kurse und ein Heimstudium mit dem Abschlussdiplom der Kryon University als Zusatzqualifikation für dein therapeutisches Arbeiten.

Unsere Begegnungen sind Tage der Wandlung und der Veränderung. Dein Leben verändert sich, da du befreit vom Trott des Alltags deine Liebe wieder spürst – für dich und für Alles-was-ist. Wir verwandeln Trauer in Freude, Schwere in Leichtigkeit und verändern gemeinsam Negationen, alte Glaubenssätze und Verhaltensweisen. Wir beschäftigen uns mit deinen Lebensthemen – deine Familie, deine Partnerschaft, dein Beruf, deine Gesundheit, dein spiritueller Weg – und wirken auf allen Ebenen deines Seins.

Die Bioenergie-Therapie nach Christina Soraia und Roland Eno`ah arbeitet ganzheitlich mit Körper, Geist und Seele. Gemeinsam mit dem Teilnehmer und der geistigen Welt werden Blockaden auf physischer, psychischer und spiritueller Ebene wahrgenommen und aufgelöst. Über das bewusste Loslassen alter Denk-, Verhaltens- und Lebensstrukturen (Releasing-Therapie), wird gebundene Energie freigesetzt. Disharmonische Erfahrungs- und Krankheitsfelder, wie Glaubenssätze, Programmierungen, Vorstellungen und karmische Verbindungen werden in einem angenehmen, befreienden Erleben direkt spürbar. Die neue Zeit ist gekennzeichnet durch einen natürlichen Evolutionsvorgang, in dem das ganze Universum, auch wir Menschen, eingebettet sind. Das bedeutet, dass Heilung heute in einem neuen Schwingungsmuster entsteht. Erlöste Erfahrungsfelder fördern die Selbstaktivierung eines Heilungsvorganges. Das Leben eines Menschen wird in seinem Bewusstsein angehoben und erfährt eine neue Ausrichtung.

Ein Schwerpunkt unseres Wirkens ist es, dem Teilnehmer Anleitung und Einblicke in den Heilungsprozess zu geben, so dass die Selbstwahrnehmung geschult wird, man lernt die Instrumente des geistigen Heilens kennen, erhält wichtige Impulse zur Umsetzung im Alltag. Ziel ist die Aktivierung der Selbstheilungskräfte und die Bewusstwerdung der Prozesse, die in die jeweilige Situation geführt haben. Nicht mehr Suchen nach dem Sinn des Lebens, du erhältst alle Impulse, damit du findest und erkennst, welch eine große Kraft in dir wohnt.

Wir freuen uns auf dich, herz-lichte Grüße,
dein Team der Kryon University

Die Heimbegleitung (Video-DVD/Hör-CD)
„Begegnung mit der Wirklichkeit"

Wir befinden uns in einer Zeit der Veränderung, der Unsicherheit und des Neubeginns. Immer mehr erkennen wir, dass „Müssen" und Funktionieren uns nicht zu einem erfüllten Leben führt. Eine Sehnsucht nach Freude, Leichtigkeit und Liebe ist in uns erwacht. Ja, lieber Leser, die Zeit des Wartens und Aushaltens ist vorbei. Dein Leben möchte gelebt werden und du mit einem freudigen JA in der Welt sein.

Der Moment deiner Wahrheit, deiner Ist-Bestandsaufnahme ist gekommen: Lebst du dich selbst, die Wahrheit deiner Seele? Bist du glücklich in deinem Beruf oder ist es Stress, Belastung und ein Funktionieren? Lebst du in Liebe mit deinem Partner oder ist Stille und Resignation eingekehrt? Bist du in Frieden mit deiner Lebenssituation oder wünschst du dir Gesundheit und Fülle, statt Krankheit und Kargheit?

Die Heimbegleitung „Begegnung mit der Wirklichkeit" unterstützt dich bei diesem „Wieder-bei-dir-Ankommen". Blockaden in deinem physischen, emotionalen, mentalen und spirituellen Körper, die aus Verletzungen in deiner Kindheit, in deinem Leben, entstanden sind, werden aufgelöst.

Damit du wieder in deine Kraft kommst, erhältst du mit jeder Studie Bewusstseinsinhalte, Hinweise für neue Sicht- und Handlungsweisen in deinem Alltag. Durch diese Erweiterung deines emotionalen und geistigen Horizontes öffnest du dich für das Neue in deinem Leben. Deine Realität, die sich bisher in dem von dir bekannten Rahmen abgespielt hat, wird auf allen Ebenen bereichert und erweitert. Du lernst die Kristalle der Wirklichkeit für dich anwenden und wirst unterstützt in deiner geistigen Schöpferkraft, denn mit unseren Gedanken, ob bewusst oder unbewusst, erschaffen wir unsere Realität.

Kraftvoll gesprochene Channelings, Energie- und Heilübertragungen, Initiationen und Einweihungen erinnern dich an deine Selbstliebe, dein inneres Gleichgewicht, deine Kraft. Christina Soraia berührt dein Sein. Ihre Stimme in Klang und Farbe öffnet die Kammern deines Herzens. Selbstheilungskräfte werden aktiviert und ein harmonisches Sein im Hier und Jetzt stellt sich ein, weil du vom Suchenden wieder zum Schöpfer deines Lebens wirst. Du wirst erinnert an deine große Heilkraft, die du als Bioenergie-Therapeut auch therapeutisch an andere weitergibst. Denn du bist ein Meister, eine Meisterin in einem menschlichen Kleid.

Das Buch
„Die Wahrheit deiner Seele"

„Heute ist ein wunderbarer Tag, um dieses Buch über die Wahrheit deiner Seele zu beginnen, um dich der bedingungslosen Liebe für alles, was ist, zu überantworten. Um dein Herz zu berühren und dich in die lichten Bereiche zu entführen. Um dich mit dem immerwährenden Thema der Liebe zu vermählen, um dich zu verwandeln und zu verzaubern. Um dich vorzubereiten auf die neue Zeit, auf die Ebene der fünften Dimension. Liebe ist! Ich bin Christina Soraia und es ist mir eine Ehre, heute bei dir zu sein."

(Zitat S. 9: Die Kraft der bedingungslosen Liebe)

Erfahre durch die geistige Welt die Energie der Liebe, Schönheit und Erlösung. Mit achtsamen, energetisierten Worten spricht Christina Soraia Luah'ya zu allen Menschen, die an der eigenen Transformation arbeiten und ihren Aufstieg ins Licht vorbereiten und bereit sind, ihn zu gehen. Ihre Channelings sind eine authentische, echte Inspiration, um zu einer bewussten Lebensführung im Einklang mit der göttlichen Natur zu erwachen.
Christina Soraia bringt hier zu Papier, wozu sie berufen ist: Den Menschen auf seinem Weg der spirituellen Transformation fördern und ihn begleiten. Mit ihren liebevollen Worten geht sie über die bloße spirituelle Theorie hinaus, sie gibt konkrete Hinweise, Anleitung für das alltägliche Leben.

Sie hilft den Menschen sich wieder an ihren göttlichen Ursprung zu erinnern, damit sie frei und selbstverantwortlich, in Leichtigkeit wieder die Wahrheit ihrer Seele spüren und leben.

„Du weißt tief in dir, dass all deine Träume und Fantasien der Inspiration deiner geistigen Führung entspringen, um dich auf vielfältigste Art und Weise zu erinnern und wachzurütteln, damit sich alle Illusion, mit der du dich momentan umgibst, durch dein Erkennen wieder in die kraftvolle Natürlichkeit und Wahrhaftigkeit des wirklichen Lebens verwandelt. Und wenn du erlaubst, geschieht dies mit meiner, mit unserer Unterstützung aus den geistigen Bereichen. Ich führe dich in die Achtsamkeit und in die Stille, damit du wieder staunen lernst und dich wie ein Kind an den einfachen Dingen des Lebens erfreust – fernab von dem, was ihr heute auf dem Planeten Erden ein erfülltes Leben nennt."

(Zitat S. 37: Kryon – Der Ruf deiner Seele)

„Die Wahrheit deiner Seele" ist ein Buch für all diejenigen, welche ihre Eigen(ver-)Antwortung, ihre eigene Antwort wieder finden möchten. Dabei liest nicht du das Buch, sondern das Buch liest dich. Heilung geschieht – Du wirst liebevoll von den Worten des Mediums begleitet und beginnst deine Engelsflügel wieder ausbreiten, denn du bist ein Lichtwesen in einem menschlichen Körper.

Möchtest du das Buch dir oder einem lieben Menschen schenken, wird es mit einer energetisierten Widmung versehen und wir übernehmen den Versand.

Dieses Buch ist allen Menschen gewidmet, die sich einem Lebensweg in Fülle, Freude und Gesundheit öffnen.

> Ein Geschenk für dich und deine Lieben
> **Die Wahrheit deiner Seele**
> inkl. Audio-CD „Loslassen"
> Ansata Verlag
> ISBN 978-3-7787-7375-8
> Deutschland € 19,95
> mit Widmung zzgl. 10,00 €
> www.die-wahrheit-deiner-seele.de

CD-Edition HK
„Heilende Klänge aus der Wirklichkeit"

Eines der energetisch wirkungsvollsten Heilinstrumente für deinen Energiekörper ist die Stimme. Durch ihre Schwingung, die in den verschiedensten Nuancen erklingen kann, harmonisiert sie dein Energiefeld. Klang und Farbe der Worte, sowie ihr Inhalt stabilisieren deine Lichtstruktur. Als Schwingungsüberträger ist die Stimme in der Lage deine energetische Matrix neu auszurichten und die Schwingung deines Energiefeldes wieder auszugleichen.

Du kannst die Heilenden Klänge in jeder Lebenssituation für dich nutzen. Spüre in dich hinein und suche dir intuitiv aus, welcher Titel dir gerade jetzt gut tun kann.

- ☆ Gesamtdauer ca. 45 Minuten
- ☆ Erste Spur - Channeling - Christina Soraia
- ☆ Zweite Spur - Instrumental - Entspannung pur
- ☆ auch rein Instrumentale Versionen vorhanden
- ☆ Hörproben www.youtube.com/christinasoraia
- ☆ Bestellungen und Informationen
    www.christina-soraia.com
    johanna.maria@christina-soraia.com
    0173 - 3 29 38 73 (Deutschland)

Bisher erschienen:

HK01 Jesus und Kryon – Die Quelle deiner Seele

HK02 Kryon und Erzengel Michael – Lichteinstrahlung

HK03 Kryon – Ausdehnung deines Lichtkörpers

HK04 Engel der Wandlung und Erneuerung

HK05 Kryon – Lebst du schon deine Sinnerfüllung

HK06 Engelbotschaften – Lass Fülle in dein Leben

HK07 Raphael, Nataniel – Heilenergien

HK08 Blue Star Sternenstaub – Mich wieder spüren

HK09 ANA Du bist Licht – Himmel und Erde

HK10 Kryon – Deine Ich-bin-Gegenwart – An'anasha

HK11 Kryon und Christina Soraia – Neubeginn

HK12 Erzengel Raphael – Heilung

HK13 Im Heißluftballon – Neue Dimensionen

HK14 Rozanna und Christina – Chakrenreinigung

HKi01 Instrumentale Version: Jesus und Kryon

HKi02 Instrumentale Version: Engelbotschaften

CD-Edition LL
„Loslassen in der neuen Zeit"

Es ist so wunderbar. Denn Transformation kann bereits geschehen über deine Absicht für die Veränderung in deinem Leben. Ebenso ist es mit dem Verabschieden von Mustern und Programmen, die dir nicht mehr dienlich sind. Über deine Bereitschaft, deinen inneren Impuls diese loszulassen, legst du die Basis für die Heilung in deinem Leben.

Die Edition „Loslassen" unterstützt dich bei diesem Selbstheilungsprozess. Gechannelte Worte voller Liebe und angefüllt mit der Kraft des Loslassens begleiten dich in deinem Erwachungsprozess.

Bisher erschienen:

LL01 Kryon, Sanat Kumara und Lady Venus – Ich bin

LL02 Kryon – Seelenpartner-Verbindung

LL03 Elohim – Schöpferengel des Friedens

LL04 Christina Soraia – Erfolgreich selbständig

LL05 Babaji – Anhebung deiner Schwingungsfrequenz

LL06 Christina Soraia – Ess-Störung - Das Erkennen

LL07 Christina Soraia – Ess-Störung - Die Annahme

LL08 Christina Soraia – Ess-Störung - Die Auflösung

☆ Gesamtdauer ca. 45 Minuten
☆ Erste Spur - Channeling - Christina Soraia
☆ Zweite Spur - Instrumental - Entspannung pur
☆ auch rein Instrumentale Versionen vorhanden
☆ Hörproben www.youtube.com/christinasoraia
☆ Bestellungen und Informationen
   www.christina-soraia.com
   johanna.maria@christina-soraia.com
   0173 - 3 29 38 73 (Deutschland)

CD-Edition GS
„Die 12 göttlichen Strahlen"

Du bist Farbe und Klang. Erstrahlst in allen Facetten deines Seins, denn im Ursprung bist du verbunden mit der Energie des All-Einen, mit der Energie des Universums, mit dem Licht der aufgestiegenen Meister und Meisterinnen.

Die Klänge der 12 göttlichen Strahlen, versehen mit der jeweiligen Meisterenergie und Farbenergie, unterstützen dich dabei, dich wieder an diesen deinen Ursprung zu erinnern. Jeder Farbaspekt und seine Lichtfrequenz verbinden dich mit einer anderen Ebene deines Seins.

☆ Gesamtdauer ca. 45 Minuten
☆ Erste Spur - Channeling - Christina Soraia
☆ Zweite Spur - Instrumental - Entspannung pur
☆ auch rein Instrumentale Versionen vorhanden
☆ Hörproben www.youtube.com/christinasoraia
☆ Bestellungen und Informationen
   www.christina-soraia.com
   johanna.maria@christina-soraia.com
   0173 - 3 29 38 73 (Deutschland)

Bisher erschienen:

GS01 Blau: Wille Gottes, Mut, Selbstvertrauen, Schutz, Macht

GS02 Aquamarin: Unterscheidungsvermögen, Klarheit

GS03 Goldgelb: Weisheit und Erleuchtung

GS04 Magenta: Ausgleich, Harmonie

GS05 Rosa: Göttliche Liebe, Freiheit, Toleranz

GS06 Weiß: Reinheit, Disziplin, Aufstieg

GS07 Grün: Konzentration, Wahrheit, Heilung

GS08 Opal: Umgestaltung, Umwandlung, Wiedergeburt

GS09 Violett: Vergebung, Hingabe, Transformation

GS10 Gold: Innere Ruhe, Reichtum, Fülle, Geborgenheit

GS11 Pfirsich: Göttliche Aufgabe, Freude,

GS12 Rubinrot: Selbstloses Dienen, Heilung, Frieden, Harmonie

GSi01 Instr. Versionen aus: Blau, Aquamarin, Goldgelb und Magenta

GSi02 Instr. Versionen aus: Rosa, Weiß, Grün und Opal

GSi03 Instr. Versionen aus: Violett, Gold, Pfirsich und Rubinrot

Lemurianische Seelenkarten
Die Kraft des 2. Blickes

Das Karten-Set beinhaltet gechannelte lemurianische Heil-, Liebes- und Lebensweisen. Die Seelenbilder begleiten dich mit ihrer hohen Energie durch deinen Alltag. Als deine Verbindung zu den hohen Engel- und Meisterebenen geben sie dir Botschaften und heilende Worte für deine jeweilige Lebenssituation.

Die Seelenbilder sind liebevoll gemalt von „Mirli aus dem Feengarten" in der Schweiz. Mit ihren lemurischen Motiven voller Zartheit und kristallinen Farben sprechen sie das Unbewusste deiner Seele an. Aufgeladen mit den Energien der Wirklichkeit bringen sie dich in Verbindung mit deinem wahren Sein.

Still und tief wie ein erfrischender klarer Bergsee spiegeln sie dich und hüllen dich ein. Einhörner, Engelwesen, Krafttiere oder ätherische Lichttempel schenken dir wachsendes Bewusstsein und Erkennen deiner jetzigen Situation. Nimm dir Zeit und empfange ihre Botschaften, welche sie nur für dich über den 2. Blick „unterhalb der Träume" bereithalten und liebevoll in dein Herz dir senden.

Das beiliegende Begleitbuch gibt dir tiefergehende Erklärungen zur Bedeutung der Karte und der Anwendung des 2. Blickes. In einem ersten Teil erhältst du eine klare Botschaft z.B. göttliche Liebe ist dein wahres Sein. Der zweite Teil gibt dir Hilfestellung für die Umsetzung in deinem Leben. Sie übermitteln dir die Energien, um in deiner Lebenssituation klarer zu sehen. Heilsame Affirmationen schenken dir Kraft auf dem Weg zur Wahrheit deiner Seele.

Für deine Unterstützung ist den meisten Karten ein passender Heilklang angefügt. Dabei handelt es sich um einen Hörtipp aus unseren CD-Editionen. Sie enthalten gechannelte Klänge und Worte von Christina Soraia. Sie harmonisieren dein Energiefeld, schenken die Erkenntnis veralteter Denk- und Verhaltensmuster und helfen dir eine neue Richtung einzuschlagen.

All die Begleitung, welche du über die lemurianischen Seelenkarten erhältst, gelangen zu dir, um deine Intuition und deine höheren Sinne wieder zu öffnen. Damit die kristalline Energie dich wieder einhüllt in dein wahres Sein, denn du bist ein Engel in einem menschlichen Kleid.

Der KopfSalatVerlag
frisch, lebendig, leicht und doch gehaltvoll

Der Kopfsalat-Verlag - Ein Verlag der neuen Zeit – Unser Verlag - frisch, lebendig, leicht und doch gehaltvoll. Nein – wir gehen jetzt nicht unter die Gemüsehändler. :o)

Der Verlag als Plattform der Kommunikation begründet eine neue Ära der Buchgeschichte. Bücher und Produkte, die man mit dem Herzen spüren und fühlen lernt bevor der Verstand sie verarbeiten und integrieren kann. Eine neue Art des Lesens wird geboren, die jeder für sich selbst entdeckt. Nicht mehr der Kopf gibt die Richtung an, sondern dein Herz, deine innere Führung.

Veröffentlicht werden Werke, die deine Kraft und Lebendigkeit aktivieren, da das Gelesene in dir arbeitet und wirkt. Dein Leben wird sich verändern und du wirst nicht mehr derselbe sein wie zuvor. Seelennahrung, die dich auf allen Ebenen nährt zu den Themen Gesundheit, Spiritualität, Liebe und Sexualität und vieles mehr erwartet dich.

kOPFSalaTVerlag

Du suchst einen Verlag, der dir bei deinem Traum vom eigenen Buch, Kartenset oder Magazin unter die Arme greift? Wir unterstützen dich gern. Oder soll es eine eigene Video-DVD, eine Musik-CD sein? Auch dabei können wir dir mit unserem KnowHow ein Sprungbrett in die Umsetzung sein.

Aktuelle Informationen zu Projekten, Begegnungen und Produkten
findest du hier

Infos und **Termine** auf der Homepage
www.christina-soraia.com

Bestellungen und **Anfragen** per e-mail
johanna.maria@christina-soraia.com

Transformation und Aufstieg - unsere Bücher
www.die-wahrheit-deiner-seele.de

Herzens-Gemeinschaft der neuen Zeit
www.love-paradise.net

Freie University – Transformationsplattform
www.kryon-university.com

Hörproben und mehr findest du auf
www.youtube.com/christinasoraia

facebook
www.facebook.com/rolandenoah.gutzmann

Momanda
www.momanda.de/profil/KryonUniversity

KopfSalat Verlag
www.facebook.com/kopfsalatverlag

Christina Soraia und Roland Eno`ah
Die Autoren

Seit mehr als 10 Jahren wirken Christina und Roland als Releasing-Loslass-Therapeuten (nach I. Lindwall USA). Diese Methode haben sie gemeinsam weiterentwickelt zu einem ganzheitlichen Konzept, das individuell auf den Einzelnen eingeht. Mit den Schwerpunkten Prozessorientierte Psychologie, Alltagsschamnismus und Lichtkörperarbeit. Sie geben heute all ihr Wissen in verschiedenen Ausbildungen weiter. Seit 2007 arbeiten sie in ihren gemeinsamen Praxisräumen, geben Einzelbehandlungen sowie Telefonsitzungen.

Christina Soraia ist Medium, Bioenergie-Therapeutin und Seminarleiterin. Sie gibt nah und verständlich Anleitung und Begleitung beim Aufstiegs- und Lichtkörperprozess. Als Heilerin arbeitet sie mit den verschiedensten Engel- und Meisterenergien. Autorin des Bestsellers „Die Wahrheit deiner Seele"(Ansata) sowie Dozentin des DVD-Heimstudiums „Begegnung mit der Wirklichkeit".

Roland Eno`ah ist Analytiker, spiritueller Lehrer, Seminarleiter und Alltagsschamane. Er hat Erfahrung in der Prozessorientierten Psychologie mit dem Schwerpunkt der Paar- und Sexual-Therapie. Als Netzwerker arbeitet er an Projekten für eine erleuchtete Gesellschaft mit Liebes-, Lebens- und Heilweisen der neuen Zeit.

Gemeinsam mit Johanna Maria Lanah`ma, Christina Soraias Tochter, und René Pierre, der Sohn von Roland

Eno`ah, haben sie die Kryon University, ein Zentrum für Geistiges Heilen und Bewusstsein ins Leben gerufen. Als Initiatoren verschiedener Seminare im internationalen Raum lehren und leben sie die bedingungslose Liebe. Dabei haben sie schon hunderte Menschen auf dem Weg zur Wahrheit ihrer Seele begleitet.

Die Heilarbeit der beiden folgt keinem bisher da gewesenem Vorbild. Sie handeln aus dem Hier und Jetzt in Verbindung mit der geistigen Welt und den hohen Selbsten der Teilnehmer. Intuitiv geführt erkennen sie im Lichtkörper energetische Blockaden und Codierungen und bringen sie wieder ins Gleichgewicht. Sie arbeiten u.a. mit der energetischen Matrix.

DANKE

Von Herzen Danke an

Hanah

Judith

Amadea

Ursula

Gerda

René Pierre

Johanna Maria

Für Eure Begleitung beim Entstehen des Buches.

Auch ein herzliches Danke an all diejenigen,
die uns auf unserem Weg begleiten.

Du findest unsere Bücher unter
www.christina-soraia.com
www.kopfsalatverlag.de

Im VLB – Verzeichnis lieferbarer Bücher unter
www.buchhandel.de
findest du alle lieferbaren Bücher
und eine Bestellmöglichkeit über
die Buchhandlung in deiner Nähe.